Tonia von Gunten

Sollte aufräumen - will aber nicht

blue bubble

Tonia von Gunten

Sollte aufräumen - will aber nicht

Inspiration für Eltern

Weitere Informationen zur Autorin und ihrer Arbeit:
www.elternpower.ch

1. Auflage 2015

Verlag: Blue Bubble GmbH, CH – Utzenstorf
Umschlaggestaltung: Stefan von Gunten
Druck und Bindung: BoD – Books on Demand, Norderstedt
Printed in Germany
ISBN 978-3-9524454-2-6

Weitere Informationen zu diesem Buch
und unserem lieferbaren Programm: www.bluebubble.ch

Inhalt

Vorwort

Früher sprachen wir im Umgang mit Kindern von Erziehung. Man richte dabei den Fokus auf das Verhalten der Kinder und sorgte dafür, dass sie sich gehorsam benahmen. Lasst uns damit aufhören und unsere Vorstellungen von richtig und falsch neu überdenken!

Es tut allen gut zu erleben, wie das Zusammenleben heute gelingen kann. Es gibt doch nichts Besseres, als wenn Eltern die Verantwortung in der Familie übernehmen, ihre starren Vorstellungen hin und wieder über Bord werfen, sich und den Kindern vertrauen und das Leben voll und ganz geniessen. Aber wie schaffen wir es, dass alle in der Familie ihr Glück finden? Ich persönlich liebe es, wenn wir statt nach Fehlern neue Möglichkeiten suchen und herausarbeiten, um was es zu Hause eigentlich geht. Was ist mir wichtig? Worüber mache ich mir Gedanken? Was läuft gut? Achte ich die Glücksmomente? Wie stärke ich das Selbstwertgefühl? Was kann ich selber tun, damit Beziehung gelingt?

Heute ist für mich das Interesse an den Menschen, zu denen wir gehören, etwas vom Wichtigsten. Stellen Sie sich vor, wie wertvoll es ist, wenn jemand sich für Sie interessiert!

Von Herzen wünsche ich viel Lesevergnügen und Inspiration in eurer Familie.

Tonia von Gunten

Beziehung & Familienleben

Lust auf Beziehung statt Erziehung?

Heute brauchen wir keine kleinen Soldaten mehr, die auf all unsere Anweisungen und Befehle „Jawohl! Verstanden!“ rufen. Es gibt verschiedene Möglichkeiten, Kinder aufwachsen zu lassen. Mit Methoden und Konzepten, an denen sich Eltern orientieren können. In Sachen Erziehung kennen wir meist wenig Neues! Wir Eltern von heute haben dabei die Aufgabe, das für uns Passende zu finden. Weil es eben heute kein Richtig und Falsch mehr gibt, ist diese relativ neue Aufgabe nicht unbedingt einfach.

Manche Eltern lassen ihre Kinder einfach so aufwachsen, wie es gerade passt. Sie kümmern sich nicht wirklich darum, wie miteinander umgegangen wird. „Wir haben die Kinder ja gern!“ Die liebevollen Gefühle sind da, werden aber nicht unbedingt in liebevolles Verhalten gewandelt. Die Erziehung ist so quasi Nebensache, schliesslich werden die Kinder doch alle von alleine gross! Andere sind quasi rund-um-die-Uhr beschäftigt, ihre Kinder zu erziehen. Von einer Sorge zur Nächsten, welch ein Stress! Nie hören sie damit auf, ihre Kinder los zu lassen. Vom Kindergarten bis zur Fahrprüfung machen sie sich Sorgen. Manche wollen ALLES richtig machen, lesen jeden Erziehungsratgeber, den sie finden, hinterfragen das meiste, was sie und ihre Kinder tun und sagen. Wiederum andere sagen sich: „So wie es meine Eltern gemacht haben, mach' ich es auch. Kam ja schliesslich nicht schlecht heraus, oder?“ Bei andern sind die Kinder an der Macht und haben die Verantwortung dafür, wie man miteinander umgeht, quasi übernommen. Chaos ist die Folge!

Und dann gibt es Eltern, die mit der Zeit feststellen, dass sie Lust auf etwas Neues haben. Einfach mal etwas Anderes ausprobieren, warum denn auch nicht? Sie wünschen sich vielfach Rezepte oder Anleitungen, wie sie mit ihren Kindern oder

Jugendlichen auf eine andere Art umgehen können. Warum verhält sich mein Kind so? Was, wenn ich nicht mehr weiter weiss? Was tue ich, wenn mein Kind nicht Zähne putzt/ schläft/ isst/ aufräumt/ Hausaufgaben macht/ hilft oder ruhig wird? Und was, wenn die grosse Tochter nicht mehr mit mir reden will?

Ich bin der Meinung, dass alle Menschen ihre Methoden haben. Irgendwie gehen wir ja mit andern um. Und dabei gibt es solche, die funktionieren, und andere, die wir besser über Bord werfen sollten. Aber ein Rezept, das für alle funktioniert, das gibt es nicht. Manche sprechen sich heute wieder für die Disziplinierung der Kinder aus. Dies ist das Gegenteil von meiner Haltung. Ich finde es schlimm wenn Kinder, ob zu Hause oder in der Schule, nur dazugehören und mitmachen dürfen, wenn sie sich still, brav und angepasst verhalten.

„Der Umgang mit Kindern ist ein Training, und alle können dabei lernen.“

Früher galt es ja, die Söhne und Töchter gehorsam zu machen. Es hiess: „Du sollst hören, sonst musst du fühlen.“ Heute geht es zum Glück den meisten Eltern (und manchen Pädagogen) viel mehr um die Beziehung. Wir fragen uns, welche Auswirkung unser Tun auf die Kinder hat und was wir uns persönlich wünschen. Wir machen uns Gedanken, welche Haltung und Werte wir leben und was wir unseren Kids davon gern mit auf den Weg geben möchten. Die heutigen Kinder sollten statt Gehorsam lernen glücklich werden, immer selbstständiger sein, Probleme lösen können sowie dabei ein gesundes Selbstwertgefühl entwickeln.

Wir können mit den Kindern besprechen, was uns persönlich wichtig ist. Und sollten dann genau hin hören, was die Kinder darüber denken und zu sagen haben. Lassen wir ihnen immer wieder Zeit zum Üben. Wie man das macht und worauf wir

Eltern uns bei einem Dialog mit unseren Kindern achten können, kann man gut trainieren und lernen.

Manche Eltern sind wirklich erleichtert, mal eine Art Landkarte zu sehen, etwas, wonach man sich im Umgang mit den Kindern eine Zeitlang orientieren kann. Denn es gibt fast nichts, was von der Geburt eines Kindes bis zu dessen Auszug gleich bleibt! Einige Eltern sagen dann: „Bei uns klappt das nie!" Kann gut sein. Aber wenn immer wieder Sturm auf hoher See herrscht, kann etwas Neues, dass Stabilität in eine Familie bringt, sehr von Nutzen sein.

Es ist toll für Kinder, wenn ihre Eltern sich entwickeln wollen. Und es macht überhaupt nichts, wenn wir dabei täglich in Konflikte geraten, Fehler und dazu noch ein paar Dummheiten machen. Dabei ist für mich das Allerwichtigste die innere Haltung der Eltern, die ist nämlich immer im Spiel. Was ist mir so wichtig? Worüber mache ich mir Gedanken? Was will ich ändern? Was läuft gut? Ich persönlich liebe es, wenn wir spüren und herauszuarbeiten, um was es bei uns zu Hause eigentlich geht. Und wie wir es schaffen, dass niemand kaputt geht und alle in der Familie ihr Glück finden. Was es zum Beispiel für ein Kind heisst, zu kooperieren oder seine Integrität zu wahren. Und wie ein Kind und wir Eltern lernen, beides unter einen Hut zu bringen. Was es mit der Gleichwürdigkeit auf sich hat und warum Selbstwertgefühl und Selbstvertrauen nicht dasselbe sind. Dies sind Aspekte, denen wir vermehrt unsere Aufmerksamkeit schenken sollten.

Auch wenn uns Eltern heute niemand mehr sagen kann, was bei der Erziehung von Kindern richtig und was falsch ist ... Es tut gut zu erleben, wie das Zusammenleben gelingen kann. Es gibt nichts Besseres in der Familie als wenn Eltern die Verantwortung übernehmen und das Leben mit ihren Kindern voll und ganz geniessen.

Uns ist es so langweilig!

„Uns ist es so langweilig!“ sagen die Kinder. Ich stehe im Türrahmen des Zimmers, schaue mir die armen, armen Kinder an, die inmitten von gefühlten 100'000 Spielsachen sitzen. Zu Weihnachten kriegten sie so viele tolle Geschenke von ihren lieben Menschen. Lego, Playmobil, Brettspiele, Bücher, Stifte, Plüschtiere ...

Ich sollte mit ihnen unbedingt mal wieder aufräumen. Dies geht mir dabei durch den Kopf wenn ich mich so umsehe. Das mag ich nun aber echt nicht tun. Und jetzt? Den Kindern ist es langweilig!?!

Draussen ausnahmsweise das schönste Wetter, wie im Frühling. Man könnte also auch ganz gut mal wieder Velofahren gehen, ohne dabei gleich am Sattel fest zu frieren. Man merkt, ich bin eher eine Schön-Wetter-gern-nach-Draussen-Geherin. Natürlich bin ich auch bei schlechtem Wetter draussen, selbstverständlich! Aber das hat ja jetzt nichts zur Sache. „Maaaami!“ tönt es vom Boden her. „Uns ist wirklich sehr langweilig.“ Und ich stehe immer noch da und sage nickend: „Ok. Das kommt vor. Da bin ich jetzt mal ganz gespannt, was euch Tolles einfallen wird.“

Und nun entferne ich mich und gehe mir ganz entspannt einen Kaffee machen. Jetzt heisst es nämlich, sich mit Vorschlägen zurückzuhalten. Ich bin mir sicher! In 15, höchstens 20 Minuten wird den Kindern selber etwas einfallen. Und bestimmt was viel Besseres, als dieser Vorschlag: „Räumt doch mal bitte euer Zimmer auf!“

Kinder sind keine Knetmasse

Wir Eltern haben ja die dumme Gewohnheit, unsere Kinder immerzu formen und biegen zu wollen. Mir irgendetwas sind wir meist unzufrieden. Ich kenne sozusagen keine Eltern, die mit Ihren Kindern einfach glücklich sind. (Das sind die Kinder übrigens mit Ihren Eltern auch nicht immer.) Wir denken, den Kindern ständig sagen und zeigen zu müssen, was wir für gut und richtig halten. Unglaublich, wieso können wir unsere Mitmenschen nicht einfach so nehmen, wie sie sind? Stellen Sie sich jetzt bitte mal vor, jemand würde Ihnen mehrmals täglich genau das sagen, was Sie zu Ihren Kindern sagen. Was Sie zu tun hätten „Jetzt!" Und wie Sie es machen sollen „Bitte, iss jetzt endlich schöner, das kannst du nun wirklich besser!" Und was Sie falsch machen würden „ich habe dir schon 1000 Mal gesagt, dass du aufessen und zuerst den Tisch abräumen sollst, bevor du spielen gehst" und Sie dann noch für dumm hält „verstehst du das denn nicht? Muss ich es dir aufschreiben?" oder Ihnen zum Schluss noch droht „Also, wenn das so nicht klappt, müssen wir konsequent sein. Du erhältst kein Dessert oder wirst nicht mehr dies oder das ..."

Wie wäre das für Sie? Kinder sind keine Knetmasse, die man drücken kann wie es uns gerade passt. Überlegen Sie sich doch das nächste Mal, wenn Sie ihr Kind „zu formen versuchen". Ist es wirklich wichtig für Sie, dass Ihr Kind zum Beispiel immer den Tisch abräumt? Oder sind Ihnen andere Sachen im Moment vielleicht wichtiger? Falls es für Sie wichtig ist, dann sagen Sie dies dem Kind in einer ruhigen Minute. „Kind, ich habe die letzten Jahre immer den Tisch abgeräumt. Ich will dies nicht mehr tun und möchte, dass du das machst. Kannst du das übernehmen?" Und dann lassen Sie dem Kind mal ein bisschen Zeit und sehen, wie es weiter geht.

Vielleicht ist es an der Zeit, mal ein bisschen zu experimentieren und was Neues auszuprobieren? Gerade am Tisch können wir es uns und den Kindern ja sehr schwer machen oder eben auch nicht! Lassen Sie ein bisschen los und kümmern Sie sich in Zukunft um Ihren eigenen Teller.

Die Qualität der Beziehung

Wie kann es uns gelingen, dass alle in der Familie gesehen, gehört und ernst genommen werden können? Haben wir es gut zusammen? Die Beziehung an und für sich ist nämlich ein grosses Bedürfnis von uns Menschen. Ist die Beziehung gut, geht es uns in der Regel auch gut. Je besser die Beziehung zu unseren Kindern ist, desto weniger Erziehungsmassnahmen müssen angewendet werden.

Bei Kindern gibt es zwei wichtige Gebiete laut Jesper Juul, wo sie nicht kompetent sind. Das erste: Kinder bis etwa 10 Jahren können nicht für sich selber sorgen können. Das zweite: Kinder dürfen nicht verantwortlich oder mitverantwortlich für die Qualität ihrer Beziehung zu den Eltern sein. Dies ist nicht nur eine Meinung oder eine Philosophie, es ist eine etablierte Tatsache. Das werden Sie selber sehen können, wenn Sie eine Familie beobachten, wo die Eltern die Verantwortung nicht übernehmen. In diesen Familien geht es den Kindern nicht gut und deren Entwicklung ist oftmals gestört. Diese Tatsache über Kinder widerspricht, was die allgemeine Praxis der Eltern in den letzten 250 Jahren war. Für Generationen haben Eltern gedacht (oder denken es immer noch), wenn das Kind erfolgreich sei, es ihr Erfolg wäre oder sie einfach ein gutes Kind hätten. Wenn das Kind nicht erfolgreich, beschuldigen sie das Kind und machen es schuldig. Dies hat wahrscheinlich bis heute sehr viel menschliches Leid verursacht.

Dass wir Eltern immer verantwortlich sind für die Qualität der Beziehungen zu unseren Kindern heisst nicht, dass immer Harmonie, Zufriedenheit und Glück vorherrschen wird. Aber wenn unser Kind ununterbrochen frustriert, unglücklich oder wütend ist, schlage ich vor, die Verantwortung zu übernehmen. Was kann ich nun konkret tun? Wie verändere ich denn mein Verhalten? Ich kann mir eine bestimmte Alltagssituation mit meinen Kindern vorstellen. Dann stelle ich mich vor den Spiegel und sage mir: „Ab Heute übernehme ich die volle Verantwortung für die Qualität unserer Beziehung." Und wenn mir dies zu viel Angst macht, dann muss ich halt sagen: „Auch heute übernehme ich wieder nicht die Verantwortung!"

Klar können wir unser Verhalten nicht von Heute auf Morgen verändern. Noch viel weniger können wir das bei unserem Partner oder den Kindern. Am Besten konzentriere ich mich wirklich auf mich selbst. Wenn ich also mein Kind viel zu laut angebrüllt habe, ist es gar nicht so schwer seinem Kind zu sagen: „Es tut mir leid, ich wurde heute so wütend. Ich werde versuchen, dich nicht mehr so anzubrüllen." Was lernt dabei das Kind: So kann man sich verhalten. So kann man mit Gefühlen umgehen. Meine Mutter ist gerade so, damit muss ich leben, aber ich kann da nichts dafür. Dabei geben wir dem Kind nicht die Schuld und fordern auch nicht sein Verständnis für unser Verhalten, sondern übernehmen die volle Verantwortung.

Konflikte oder einfach Tatsachen?

Gehen wir Konflikten in unserer Familie nicht aus dem Weg. Es ist völlig normal und gehört dazu, dass wir uns hin und wieder streiten, traurig oder wütend sind. Kinder bis zur Pubertät haben Eltern nötig, die den Mut besitzen, ihr grösseres Mass an Wissen, Einsicht und Erfahrung einzubringen. Sie lernen von uns, wie wir damit umgehen, wenn es mal nicht mehr so rund läuft. Und wir werden eher erfahren, woran wir bei unseren Kindern sind, wenn wir ein gut funktionierendes Verhältnis zu ihnen besitzen.

Die Kinder sollten mit der Sprache, mit den Gefühlen und mit dem Körper reagieren können. Freude, Zorn, Euphorie, Trauer, Verzweiflung ... alle Reaktionen sollten in unserer Familie Platz haben. Wenn die Gefühle unterdrückt werden müssen, dann können sie plötzlich explosiv zum Ausdruck kommen. Wenn ich NEIN zu meinem Kind sage und das Kind sehr wütend reagiert, ist eine gute und mögliche Elternreaktion: "Hör mal zu. Ich bleibe bei meinem NEIN. Es gefällt mir nicht, dass du so aus der Haut fährst, damit bin ich eigentlich nicht einverstanden. Aber ich wusste gar nicht, dass dies dir soviel bedeutet! Komm doch mal zu mir und erkläre mir, was daran für dich so wichtig ist.“

Wertvoll sein!
Es tut sehr gut, wenn wir erleben, für andere Menschen wertvoll zu sein, ohne uns verstellen oder etwas leisten zu müssen. Und wir Eltern können sehr viel dazu beitragen, dass sich unsere Kinder wertvoll fühlen! Wir können dem Kind helfen ein gesundes Selbstwertgefühl zu entwickeln. Man kann es sich etwa so vorstellen: wer eine gefüllte Säule in sich trägt, ist stabil und stark. Ist die Säule jedoch leer, fühlt man sich schwach und unsicher.

Wir Eltern können fürs Wohlergehen unserer Kinder sorgen, in dem wir ihre Stärken und Schwächen kennenlernen und uns auf die Stärken konzentrieren. Wenn wir sie ermutigen und anerkennen. Dies drückt aus, dass ich ins Kind Vertrauen habe. Jedes Kind sollte mindestens eine wichtige Person in seinem Umfeld haben, die es bewusst sieht und akzeptiert wie es ist.

Ich wünsche mir, dass alle in Ihrer Familie gesehen, gehört und ernst genommen werden und sich alle wertvoll fühlen dürfen.

Wer deckt heute den Tisch?

Manchmal wünsche ich mir, dass mir meine Kinder im Haushalt mehr helfen. Und eigentlich möchte ich, dass sie kleine und immer wiederkehrende Arbeiten wie Tisch decken einfach so erledigen, ohne dass ich sie darauf aufmerksam machen muss. Soll ich einen Ämtchenplan einführen? Sie mögen sich sicher erinnern (und haben zu Hause vielleicht selber einen hängen). So ein Plan kann funktionieren. Oder eben auch nicht.

Sollen meine Kinder Pflichten haben? Aufgaben, die ich Ihnen verteile? Pflichten sind Pflichten und haben eigentlich nichts mit Liebe zu tun. Also sollte ich keinen „Dank“ für meine Liebe erwarten indem ich verlange, dass die Kinder ihre Pflichten erfüllen. Wertvoll werden sich die Kinder für die Familie dadurch auch nicht fühlen. Und es ist ein deutlicher Unterschied, ob die Kinder spüren, dass ihre Eltern wirklich Hilfe gebrauchen oder ob die nur Aufgaben verteilen. Im ersten Fall sind sie wirklich wertvoll für die Eltern. Die Aufgaben, die Kinder übertragen werden, sollen wichtig für meine Familie sein. Für die Ausbildung der sozialen Verantwortung der Kinder ist dies jedoch nicht notwendig.

Kinder sind wirklich wertvoll für die Eltern, wenn sie spüren können, dass ihre Eltern echt Hilfe gebrauchen.

Bis die Kinder etwa 10 Jahre alt sind und die Planung der Zukunft einigermassen überblicken können, sollte man ihnen keine regelmässigen Pflichten aufbürden. Aber wir können sie um Hilfe in bestimmten Situationen bitten! Sehen wir uns den Unterschied an: "Astrid, denk daran, dass du heute mit dem Tischdecken dran bist!" Besser: "Astrid, ich brauche ein wenig Hilfe. Könntest du bitte heute das Tisch decken übernehmen?"

Und wenn die Kinder dann keine Lust zum Helfen haben? Zudem werden wir sie mit unserer Bitte sicherlich bei etwas stören, das sie noch zu Ende führen wollen: "Das geht nicht. Ich muss gerade noch meinen Legoturm fertig bauen!" Dann kann ich sagen: "Ok, mach das, aber nachher könntest du dennoch den Tisch decken, wenn du fertig bist, ok?" In der Regel sagen die Kinder dazu ja. Wir müssen ihnen aber Zeit lassen: "Du brauchst es nicht sofort zu machen." Und sie müssen auch keine Lust dazu haben: "Ich hab manchmal auch keine Lust dazu. Mache es aber bitte trotzdem." Oder aber, wenn es uns nicht so wichtig ist, können wir auch mal sagen: "Okay, dann mach ich es selbst."

Wer auf Hilfsbereitschaft setzt und nicht auf Pflichtgefühl, erhält ein tolles Training darin, ehrlich und aufrichtig JA und NEIN zueinander zu sagen. Dabei entwickeln wir ein Gespür für unsere Grenzen und Bedürfnisse.

Es geht darum, ein Gefühl für die Verantwortung aus sich selbst heraus zu entwickeln, statt es von aussen verordnet zu bekommen.

Kinder wollen für die andern wertvoll sein! Aber dies hat selten mit dem Ausüben bestimmter Tätigkeiten zu tun. Zudem sollten Kinder bis 10 Jahre so viel wie möglich spielen. Dies ist für ihre ganze Entwicklung und für ihr Lernverhalten am Besten. Davor haben sie nur eine begrenzte Vorstellung von der Zukunft. Also wissen sie eigentlich gar nicht, worauf sie sich einlassen, wenn sie uns versprechen, dass sie 3x pro Woche den Tisch decken würden. Soziale Verantwortung entsteht nämlich, wenn Menschen sich frei fühlen, diese auszuüben, statt einer Verpflichtung nachzukommen, die ihnen von andern diktiert wird. Da besteht auch kein Unterschied zwischen Kindern und Erwachsenen.

Also werden wir bei uns keinen Ämtchenplan erstellen. Stattdessen fühle ich mich frei und bitte unsere Kinder: „Jetzt brauche ich aber eure Hilfe. Wer deckt heute für uns den Tisch?“

Wie geht es dir?

Was soll man auf die Frage: „Wie geht es dir“ antworten?

Gut!
Es geht!
Es muss!

Wir Eltern sagen, dass es uns gut geht, obwohl uns das Getue der Kinder langsam aber sicher nervt, das Geschrei uns zur Weissglut bringt und wir sofort in Tiefschlaf fallen würden, könnten wir uns nur mal kurz hinlegen. Sagen wir eigentlich immer „gut“, weil wir keine Zeit haben, um weiter zu diskutieren? Weil wir keine Ratschläge des Gegenüber hören wollen? Weil wir nicht darüber reden möchten? Oder weil wir doch eigentlich einfach gute Eltern sein möchten, dies aber sicher nicht sind?

Manche Eltern sagen: „Ach, der tägliche Wahnsinn halt!“ Was ja auch nicht gerade viel bringt, wie mir scheint. Andere fragen statt: „Wie geht's?“ lieber: „Was machst du?“ Und dann kann man anfangen, all die Arbeiten aufzuzählen, wo man halt gerade so macht. Dann gibt es auch noch jene, die mir ihre Leiden aufzählen. „Oh weißt du, ich will ja nicht jammern. Aber diese Schmerzen! Hier ... und da ... und dort!“ Und ich darauf: „Oh je, das tönt für mich nicht gut. Was tust du denn dagegen?“ Dann kommt meist: „Der Doktor sagt ...“ Dann ist dieses Gespräch auch ziemlich schnell beendet.

Wie wäre es, wenn wir stattdessen mal mit der Frage: „Was würdest du jetzt gerne tun?“ beginnen würden? Ich zum Beispiel würde jetzt, wo draussen eisige Minustemperaturen herrschen, gerade liebend gern in der Karibik ein bisschen im warmen, türkisblauen Meer rumschwimmen. In meinem traumhaft schönen neuen Badekleid. Dies tat ich das letzte Mal vor 20 Jahren. Ach, und danach möchte ich mir am Strand einen Rum Cake bestellen. Und den würde ich gleich aufessen. An der Sonne. Genau das möchte ich jetzt tun!

Nun habe ich ein Lächeln im Gesicht. Ich lies es mir gerade sehr gut gehen (wenn auch nur in Gedanken), und habe ein bisschen den Mist des Alltags vergessen. Das war schön.

Und was würdest du jetzt gerne tun?

Weg mit dem Stress am Esstisch!

Essen mit Kindern. Ein Thema für sich.

Manche Kinder könnten sich wochenlang von Teigwaren mit Ketchup oder Maggi ernähren. Wir Eltern haben dabei jedoch spätestens nach der dritten solchen Mahlzeit das Gefühl, unser Kind werde verwöhnt, sicherlich bald schwer krank, unterernährt oder viel zu dick. An Gemüse wird es sich nie gewöhnen ... Wir schreiben den Kindern meist nicht nur vor, was sie zu essen kriegen, sondern auch noch wie viel. Eltern sagen Sachen wie: „Iss noch das Gemüse, dann kriegst du wieder Teigwaren." Oder: „Wenn du noch was im Teller hast, magst du sicher auch keinen Dessert mehr!" Oder: „Wieso magst du das jetzt nicht? Das hattest du doch immer so gerne! Jetzt habe ich dies extra für dich gekocht!" Oder: „Nimm nur soviel heraus, wie du auch essen magst!" Ein Klassiker ist auch: „Wenn du das noch isst, wird dir schlecht!"

Ein Kind sollte selber die Erfahrung machen dürfen, dass man nicht immer denselben Appetit hat. Und unter uns ... meine Essen gelingen mir auch nicht immer gleich gut. Also, nur schon von dem her verstehe ich ja meine Kinder, die manchmal in ihrem Essen rumstochern. Einmal sagte mir ein Kind: „Also, das Essen ist sicherlich sehr fein aber ich finde es trotzdem nicht gut." Ist das nicht herrlich?

Lassen wir die Kinder doch vermehrt von dem, was auf dem Tisch ist, essen was sie wollen. Und lassen wir sie auch die Menge selber bestimmen. Kinder wissen meist ganz genau, wann sie satt sind. Manche haben dies aber verlernt, weil wir sie beim Essen ständig beobachten, für sie denken, die Verantwortung für ihr Sättigungsgefühl übernehmen und ihr Essverhalten kommentieren. Wir sollten ihnen einfach jene Speisen anbieten, die wir selber mögen und essen, die uns gut und gesund erscheinen. Wir müssen ihnen Trinken anbieten. Aber mehr ist wirklich nicht nötig. Die Geschmäcker ändern sich mit der Zeit und manches Kind, das Salat und Gemüse einfach nicht mochte, kocht später als Erwachsener die leckersten Gemüsegerichte. Entspannen wir uns doch beim Thema Essen mit Kindern. Guten Appetit!

Zufrieden im Alltag

Wieder so ein Tag ... in der Nacht ein paar Mal aufgestanden, seit Morgens früh auf den Beinen, Kita, Büro, Kita, Einkaufen, Elki-Turnen, Nachtessen, Tag vorbei? Und nachdem Sie die Kinder ins Bett brachten sind Sie zu müde, um all das zu erledigen, was Sie sich vorgenommen haben?

Was kann man tun, um zufriedener durch den Alltag zu kommen? Ist das mit kleinen Kindern überhaupt möglich? Ich denke schon, dass man selber einiges dazu beitragen kann. Sicher hilft es, wenn Eltern Zeit für sich selber finden. Wer regelmässig Pause macht, tut sich schon mal was Gutes. Meist vernachlässigen junge Eltern den Sport. Versuchen Sie also wenn irgendwie möglich, sich regelmässig zu bewegen. Reservieren Sie sich 1x pro Monat einen Partnerabend. Pflegen Sie Ihre Beziehung, sonst verkümmert sie. Lassen wir es gut sein, auch wenn das Geschirr abends nicht abgewaschen ist und noch was in der Wohnung rumliegt.

Und lernen wir, unsere Integrität zu wahren. Dazu gehört es auch, hin und wieder nein zu andern zu sagen. Lernen wir, selber Vorschläge zu machen und eigene Entscheidungen zu treffen.

Wir müssen nicht erst nach der Meinung anderer fragen sondern anfangen, selber etwas vorzuschlagen, Lösungen zu suchen und Entscheidungen zu treffen.

Gute Entscheidungen treffen

Wie treffe ich gute Entscheidungen in der Familie? Soll mein Sohn mit dem Fussball Training aufhören oder damit weiterfahren? Eine Frage, die uns vor kurzem beschäftigte. Zu allererst sprachen wir mit unseren Sohn. Irgendwie hatte ich das Gefühl, dass ihm das Training keinen Spass machte. Er ging hin und rannte neben dem Ball her (was ja immerhin gut für die Kondition war) und doch irgendwie nicht so viel brachte, wie mir schien. Aber wer weiss? Vielleicht sah das ja ganz anders aus, als es war. Seine Kollegen waren dort, ohne irgendwelchen Widerstand ging er in jedes Training. Er sagte, dass es ihm egal sei. Egal? „Also, es ist dir egal ob du ins Fussball Training gehst oder nicht?" Ja, es schien ihm tatsächlich egal zu sein. Mal sei es cool und lustig und manchmal sei es doof, das Training. Je nach Trainer und Wetter. Ach so ...

Wir vereinbarten, dass er weiterhin ins Training ging. Vielleicht entwickelt sich die Freude daran mit der Zeit. Und wir dachten, dass EGAL doch irgendwie NEUTRAL war. Nach ein paar Monaten suchte ich wieder das Gespräch. Mir ging es darum, dass Sport für uns einerseits wichtig ist und andererseits Freude machen sollte. Das spürte ich bei ihm aber nicht ... „Also, dann höre ich halt auf!" War die Reaktion meines Sohnes. „Bitte fragt mich nicht immer, ob es mir Spass mache und ob ich noch gehen wolle." Unser Sohn zeigte uns, dass wir Eltern eine Meinung bilden, die Verantwortung übernehmen und einen Entscheid treffen mussten.

Wir kamen zum Entschluss, mit dem Fussball spielen aufzuhören. „Noch ein Training und dann ist Schluss, ausser du sagst uns danach, dass du weiterfahren möchtest," schlug ich vor. Nach dem Training sagte mein Sohn: „Ich will aufhören."

Stattdessen besuchte er dann einen Schwimmkurs. Und er war richtig und von Herzen dabei. Manchmal frustriert, weil viel von ihm verlangt wurde. "Es ist so schwierig für mich!" Und dann war er wieder ganz happy, kam mit einem Strahlen im Gesicht daher und der Stolz auf seine Leistung war ihm anzusehen. "Ich kann den Salto und so tief tauchen, guck mal!" Er konnte zeigen, wie es ihm ergeht. Es forderte ihn, es gefiel ihm, er war im Element. Es war ihm nicht mehr egal. Und er sprach darüber. Das hatte ich beim Fussball Training vermisst, dass er einen Sport fand, der zu ihm passte und ihn glücklich machte.

Wie sind wir vorgegangen?
Wir Eltern haben beobachtet und unseren Sohn ernst genommen. Wir haben uns Zeit gelassen. Wir haben darüber gesprochen. Und dann haben wir eine Entscheidung getroffen und dadurch die Verantwortung übernommen. Ob diese Entscheidung gut war oder nicht, spielt im Prinzip keine Rolle. Sie ist ja auch nicht in Stein gehauen. Denn sollte unser Sohn plötzlich doch wieder Fussball spielen wollen ... wir werden bestimmt zusammen eine neue und gute Entscheidung treffen!

10 Fragen, die Eltern ihren Kindern nie stellen sollten

1. „Warum tust du das?"
Manchmal ist uns das Verhalten des eigenen Kindes unangenehm, schleierhaft oder auch peinlich. Und da hilft uns die Frage nach dem WARUM überhaupt nicht. Was für eine Antwort wollen wir denn hören? „Weil mir gerade nach rumblödeln, schreien oder hinfallen ist?"

2. „Willst du mich damit ärgern?"
Bitte nicht noch nachschieben. Ein Kind will die Eltern NIE ärgern. Fertig.

3. „Wieso magst du dieses Essen jetzt nicht mehr?"
Weg mit dem Stress am Esstisch!

4. „Wie war es in der Schule?"
Kaum ist das Kind oder der Teenager zur Türe rein, führen wir ein Interview. Geht gar nicht! Und wir erahnen es ... die Antwort wird sein: „Gut!" oder „Es geht." Wenn wir also Näheres erfahren möchten, müssen wir unsere brennende Neugier zurück halten. Mit grösster Wahrscheinlichkeit wird das Kind selber mal mit Erzählen beginnen. Aber erst, wenn es dies will.

5. „Was machst denn du für ein Gesicht?"
Weil das Kind halt so aussieht und sich wahrscheinlich in dem Moment genau so fühlt.

6. „Können wir jetzt endlich los?“
Nein. Können Sie wahrscheinlich nicht, sonst würden Sie diese Frage auch nicht stellen.

7. „Wer hat damit angefangen?“
Es spielt sehr selten eine Rolle, wer begonnen hat. Jemand beginnt ja eigentlich immer was. Und mit Sicherheit war es bei einem Streit, Blödsinn oder Ähnlichem nämlich sowieso der Andere...

8. „Gehen wir Zähneputzen?“
Wieso stellen wir eine Frage, wenn WIR WOLLEN, dass das Kind Zähne putzen geht? Es hat ja keine Wahl, oder?

9. „Hast du dir die Hände gewaschen?“
Ich mag es selber nicht mehr hören, wenn ich dies sage.

10. „Musst du aufs Klo?“
Bringt nichts. Dies ist die Frage, die sich alle Eltern wirklich abgewöhnen sollten. Ich auch. Es ist nicht einfach. Aber wir werden es schaffen!

Geniessen wir das Familienleben

Wir lassen die Tage vorübergehen und konzentrieren uns dabei meist auf Probleme und Ärgernisse, die uns umgeben. Tatsächlich gibt es immer wieder viele Dinge, die Schmerz und Kummer bereiten. Schwierigkeiten in der Schule, Computer, Filme, Freunde, die eigene Partnerschaft, das Verhalten der Kinder, Krankheiten und vieles mehr können uns so beschäftigen, dass wir dabei den Blick und die Aufmerksamkeit für alles andere und Schöne verlieren. Ich habe manchmal das Gefühl, dass Eltern ihr Leben mit der Familie viel zu wenig geniessen. Nun kann ich mir dabei überlegen, wie ich dazu stehe.

Die Qualität meines Lebens hängt davon ab, wie ich mit den Schwierigkeiten umgehe. Es hilft mir sehr, wenn ich denke: "Das betrachte ich jetzt nicht als Problem sondern als eine Tatsache. Wie gehe ich nun damit um?" Denn Tatsachen sind nun mal da, sie gehören zum Leben, und in den wenigsten Fällen kann ich sie einfach verschwinden lassen. Ich muss selten sofort was tun. Und ich muss auch nicht gleich eine Lösung haben. Wir können versuchen, in unserer Familie mit jemandem darüber zu reden, was uns beschäftigt. Ein Gespräch kann sehr gut tun, nimmt die Angst und ist heilsam, nur muss man es tun! Manchmal ist es einfacher als man glaubt! Lasst uns einfach mal ansprechen, was uns beschäftigt. Dadurch übernehmen wir Eltern die Verantwortung für die Schwierigkeiten und schieben sie nicht auf die Kinder ab. In jeder Familie gibt es Ärger und Krisen, die wir ernst nehmen sollten. Aber meist reicht dies meiner Meinung nach dann auch schon, um es auszuhalten und oftmals zeigt sich mit der Zeit fast von alleine einen Weg oder eine Möglichkeit auf.

Reden wir doch vermehrt über das, was uns gefällt und gut tut. Wenn jemand von unser Familie nach Hause kommt, muss unbedingt was "Schönes oder Lustiges" vom Tag erzählt werden. Das braucht etwas Übung und ist ungewohnt, aber sehr empfehlenswert! Dadurch trainieren wir die Hirnregionen, die für unsere guten Gefühle verantwortlich sind. Es gibt auch in mühsamen Zeiten immer wieder kleine Momente, die uns gut tun. Was geniesse ich zur Zeit mit meiner Familie? Vielleicht mal wieder einen Ausflug machen? Wie wäre es, zusammen eine Schokoladenfabrik zu besuchen? Das werde ich vorschlagen. Und ich freue mich auf ein bisschen köstliche Schokolade. Ich werde sie mir im Mund zergehen lassen.

Welcher Genuss ...

Wer ist schuld?

Die Stimmung ist mal wieder im Eimer. Ihr Kind kommt nach Hause und hat Bauchweh. Und wer ist SCHULD? Sie können doch nichts dafür, dass es sein Pausenbrot nicht essen mag und es deswegen in der Schule immer Ärger gibt. Nun hat ihr Kind wegen dem ganzen Schlamassel auch noch schlechte Laune. Und dann regen Sie sich auf, weil es nun Ihnen die Schuld gibt? Ärger liegt in der Luft. Was kann man da tun?

Stellen Sie sich vor, die Schuld nun einfach auf sich zu nehmen. Ja! Bekennen Sie sich von nun an einfach mal schuldig, wenn die Stimmung schlecht ist. Seitdem ich das in unserer Familie tue, hat sich der Wind gedreht. Die Frage nach dem Schuldigen stellt sich nicht mehr.

Achten Sie sich mal auf das Folgende. Wir Eltern tendieren ja komischerweise oft dazu, die Verantwortung sehr gern zu übernehmen, wenn etwas gut läuft. Dann denken wir: „Das haben wir unseren Kindern halt gut beigebracht!“ Wenn sich das Kind jedoch nicht gerade von seiner Sonnenseite zeigt oder etwas nicht so gut kann, sagen wir: „Es hat einfach wieder nicht gut zugehört.“ Oder: „Es ist halt ein schwieriges Kind.“ Dadurch weisen wir die Schuld ganz klar von uns.

Meiner Meinung nach sollten nie die Kinder diese Verantwortung in der Familie tragen. Das kommt schlicht nicht gut! Deshalb schlage ich vor, als Eltern die Verantwortung über die Stimmung in der Familie ab sofort zu übernehmen. Ist doch kein Problem für uns zu sagen: „Ja, ist so! Du hast tatsächlich Recht und ich bin daran schuld. Ich habe dir kein Pausenbrot mitgegeben und jetzt hast du Bauchweh.“ Vielleicht merkt es selber: „Kein Pausenbrot = Hunger = eventuell Bauchweh.“ Vielleicht lernt es dies auch nicht sofort. Eventuell ist es deswegen auch ein bisschen sauer auf uns, was solls! Das wird vorbei gehen. Und dann könnten wir uns ja zusammen überlegen, was man denn nun in Zukunft tun könnte.

Wer immer auch schuld war, es spielt gar keine Rolle mehr! Hauptsache, die Stimmung in der Familie wird gut. Dann können wir das Familienleben wieder in vollen Zügen geniessen!

Nein sagen

Warum sagen wir Eltern eigentlich so oft JA? Geschieht dies vielleicht aus Gewohnheit, weil wir es bis jetzt immer so taten? Oder weil wir das Gefühl haben, dies sei unsere Pflicht? Aus Müdigkeit, weil wir schlicht nicht mehr mit unseren Kindern diskutieren mögen? Oder einfach, weil wir die Konsequenzen nach einen NEIN fürchten? Es ist tatsächlich so, ein JA empfinden wir als Antwort irgendwie angenehmer als ein NEIN. Was passiert, wenn ich jetzt einfach mal deutlich NEIN sage und dabei bleibe? Vielleicht ist dann mein Gegenüber von mir ein bisschen enttäuscht. Das kann sein, macht aber nichts. Wahrscheinlich sind wir Eltern oftmals unsicher, welche Antwort wir unseren Kindern geben sollen. Gerade wenn diese viele Fragen stellen, sich was wünschen und uns fordern.

Wenn wir den andern gern haben, vergessen wir uns dabei meist ein bisschen selber. Und dann sagen wir manchmal Ja zu etwas, dass wir eigentlich gar nicht wollten. Wir haben schon in der Schule gelernt, dass es in erster Linie wichtig ist, sich sozial zu verhalten. Das sollte heissen, sich gut in die Gruppe zu integrieren, nett zu den andern zu sein und zu gehorchen. Ich finde, dass man heute stattdessen lernen sollte, gut auf sich selber zu hören und zu sich zu schauen. Dazu gehört eben auch das NEIN sagen. Aber das lernt man leider erst viel später, wenn überhaupt ...

Eigene Grenzen kennenlernen

Und so kennen wir Eltern von Heute oftmals unsere eigenen Grenzen selber kaum und schaffen es dadurch auch nicht, NEIN zu sagen. Gerade zu den vielen Wünschen unserer Kinder. Manche Eltern versuchen es dabei mit Erklärungen und hoffen auf das Verständnis des Kindes: „Hör mal, in 10 Minuten gibt es Mittagessen. Ich würde jetzt, wenn ich dich wäre, keine Schokolade mehr essen. Sonst hast du dann keinen Appetit, und dir wird schlecht." Oder beim Einkaufen, wenn das Kind ein Spielzeug möchte: „Vor ein paar Tagen war doch erst Weihnachten. Zudem hattest du kürzlich Geburtstag. Dein Zimmer ist voller Spielsachen. Du kannst doch jetzt nicht schon wieder ein Plüschtier wollen! Du hast doch schon viel zu viele!"

Ein „NEIN" hätte genügt. Wenn das Kind mich als Mutter ernst nimmt, wird es ein NEIN von mir akzeptieren. Das heisst nicht, dass es meine Entscheidung auch noch gut finden muss. Wir Eltern haben das Recht, uns Zeit für eine Antwort zu nehmen. Manchmal reagieren wir nämlich viel zu schnell und geben sofort eine Antwort, ohne sich die Frage des Kindes zu überlegen. „Darf ich morgen zu meiner Freundin gehen?" fragt mein Kind. Ich könnte darauf erwidern: „Du möchtest gerne gehen? Ok, versteh ich. Eigentlich möchte ich lieber nicht, dass du gehst. Aber ich brauch noch etwas Zeit, lass mich darüber nachdenken. Ich gebe dir heute Abend Bescheid." Und wenn das Kind sofort eine Antwort will? Dann hat es für den Moment Pech gehabt. Ich will mir die Sache überlegen, so ist das.

Nein, ich will nicht!
Mit der Zeit fängt ein Kind ja auch selber an, NEIN zu sagen. Es will selbst bestimmen und kann sich sprachlich immer besser ausdrücken. „Nein, ich will das nicht!" Wenn wir dies plötzlich von unseren Kindern hören, sollten wir Freude haben statt sie

zurechtzuweisen. Ein NEIN eines Kindes ist quasi eine Abgrenzung zu uns Eltern und ein JA zu sich selber als Person. BRAVO. Wenn wir dies so sehen können, anerkennen wir das Kind und nehmen es ernst. Es bedeutet aber nicht notwendigerweise, ihm zu gehorchen.

Darf das Kind vor dem Essen naschen?
Hierzu ein Beispiel: Unser Kind möchte jetzt eine Süssigkeit. Wir sagen: „NEIN, nicht vor dem Essen." Dabei ist es eigentlich nicht falsch, etwas Süsses haben zu wollen, wenn man Lust darauf hat. Es ist aber auch nicht falsch, zu bestimmen, dass dies nicht der richtige Zeitpunkt ist. Es geschieht nichts Falsches. Wir Eltern sollten dabei aber die Führung übernehmen und bestimmen, dass im Moment nicht der richtige Zeitpunkt ist.

Es braucht vielleicht etwas Mut und Übung. NEIN sagen zu dürfen hat mit dem Recht zu tun, eigene Grenzen zu ziehen.

Legalisieren Sie doch in Ihrer Familie das NEIN und lassen es auf sich zu kommen, wie es Ihnen allen dabei gehen wird. Ich bin da ganz zuversichtlich, mit der Zeit wird es allen in der Familie leicht fallen, NEIN zu sagen.

Brüllaffe & Schreimutter

Plötzlich ... halten wir es nicht mehr aus. Fertig mit all der Ruhe und Gelassenheit. Stattdessen: Explosion! Dann hört es das ganze Haus. Vielleicht sogar jenes daneben. Respektive seine Bewohner. Die Mutter schreit und brüllt rum! Ist Schreien und Brüllen eigentlich dasselbe? Egal. Bei uns ist es IMMER die Mutter. Der Vater ist nämlich bei uns glücklicherweise weder ein Affe noch schreit er rum. Aber den Titel fand ich trotzdem gut☺.

Und dann, wie reagieren die Kinder? Eines verzieht sich und das andere lacht und sagt: „Du bist doch selber eine Zahnpasta."

Was soll das denn bitte bedeuten? Was machen dann Eltern, die gerade ein bisschen überkochen? Sie brüllen mit höchster Wahrscheinlichkeit weiter. Sie werden ruhiger, was zu hoffen ist. Sie fangen an, eine Erklärung zu suchen indem sie den Kindern Fragen stellen. „Wieso kannst du deine Zahnpasta nicht zuschrauben und hinstellen? Wieso?" Und das Kind wird es auch nicht wissen. Wenn es die Antwort nämlich wüsste, hätte es wohl die Zahnpasta auch korrekt zugeschraubt und hingestellt. Also wird es, weil ihm so auf die Schnelle nichts Besseres in den Sinn kommt, nichts sagen, verlegen auf den Boden gucken, demütig kooperieren und sich vielleicht leise entschuldigen.

Oder es wird versuchen, rasch eine lustige Antwort zu geben, welche die Mutter wieder glücklich macht. Eine frohgelaunte Mutter macht ja schliesslich viel mehr Spass als eine, die rumschreit, klar. Und dann sagt es eben so Sachen wie: „du bist doch selber eine Zahnpasta." Was die Mutter in diesem Moment überhaupt nicht angebracht findet: „Und das ist jetzt überhaupt nicht witzig!" Und vielleicht sagt sie noch ein paar dumme Sachen, jaja. Und später merkt sie dann vielleicht, dass sie überreagiert hat. Eine offene Zahnpasta Tube bedeutet ja noch noch keinen Weltuntergang. Sie pocht auf Verständnis und entschuldigt sich. Dabei hätte sie einfach sagen können: „Hey, die Tube da ist noch offen. Ich möchte, dass du sie zuschraubst. Danke!“

Es ist leider heute so: Aggressive Gefühle zu haben ist ok. Aber wehe, wenn man sie dann offen zeigt! Wir erlauben es weder uns selber noch unseren Kindern, auch mal laut zu sein. Dabei sollten dies alle mal tun können. Toben, zanken und die eigene Wut rauslassen. Wir halten es, wenn Kinder dies tun, fast nicht aus und haben das Gefühl, unsere Kinder werden zu Tyrannen. Es ist Eltern vielleicht peinlich und es wäre uns viel wohler, wenn unsere Kinder die braven und ruhigen auf dem Spielplatz und in der Schule sein würden. So versuchen wir, unsere Kleinen zu kommandieren, zu belehren, zu loben und dabei immer sehr konsequent zu sein. Und dem sagen wir dann „ERZIEHUNG“. Dabei finden das die meisten Eltern enorm anstrengend. Und die Wenigsten sind dann eben sehr konsequent. So ist es nun mal mit diesen Emotionen. Der Umgang mit Ihnen ist nicht immer ganz einfach.

Es wäre natürlich toll, wenn wir unsere destruktiven Gefühle unter Kontrolle bekommen, die aggressiven integrieren und die konstruktiven nutzen könnten. Tönt schwierig, oder? Der Umgang mit den eigenen Aggressionen gehört einfach zur persönlichen Entwicklung und wir Eltern sollten unsere Kinder dabei unterstützen. Dies benötigt Zeit und Übung. Ein Kind braucht nämlich seine ganze Kindheit dazu, um dies zu lernen. Und bei manchen Menschen wie zum Beispiel bei mir, dauert es länger.

Ich arbeite weiter an mir, aber ...
Sorry, Kinder, manchmal bin ich einfach eine SCHREIMUTTER!

Das dürfen Kinder

Kennen Sie ein Kind, dass immer aufgestellt und freundlich, angepasst und vernünftig ist? Hoffentlich nicht! Viele Eltern arbeiten aber genau daran. Den Kindern soll es gut gehen, sie sollen sich so verhalten, dass es nicht peinlich ist und ein bisschen Vernunft muss doch sein! Kürzlich hörte ich eine Mutter zu ihrem Kind, welches sich brennend für einen Faltprospekt im Einkaufszentrum interessierte: „Das ist doch nichts für dich! Sei vernünftig. Schau mal, es hat ja nicht mal Bilder drin und lesen kannst du ja noch nicht!“ Wieso bestimmen Eltern immerzu, was für die Kinder gut und was schlecht ist? Welche Gefühle ok und welche tabu sind? Bitte, liebe Eltern, lasst eure Kinder doch stattdessen:

- Gefühle haben & zeigen
- sich langweilen
- sich Zeit nehmen
- sein, wie sie sind

Probiert es mal für zwei Wochen aus und schaut, was passiert, wenn wir uns auf diese 4 Sachen konzentrieren. Die Kinder dürfen Gefühle haben und zeigen. Sie dürfen sich langweilen und sich Zeit nehmen und sein, wie sie sind. Ich bin überzeugt, viele Ärgernisse lösen sich in Luft auf, wenn wir uns ein bisschen um diese wertvollen Punkte in unseren Familien kümmern.

Manche Kinder kämpfen schon vor der Pubertät ganz stark dafür, sich selber zu sein. Wir deuten dies vielleicht als rotzig und frech. Meinen, das Kind sei schwierig, müsse halt immer das letzte Wort haben und alles besser wissen. Dabei sind diese Kinder oftmals frustriert, aber das gehört dazu! Meist sind deren Eltern auch nicht zufrieden, weil sie mit dem Verhalten der Kinder ganz und gar nicht einverstanden sind und dagegen ständig kämpfen. Sie versuchen, ihre Kinder zu ändern und es gelingt doch nicht. Dabei lohnt es sich überhaupt nicht, diesen Kampf zu betreiben. Die Kinder lernen dadurch zwar, ihre Gefühle zu unterdrücken und sich so zu verhalten, wie die Eltern es gern hätten. Aber bestimmt werden sie dabei kein gutes Selbstwertgefühl entwickeln. Und dies wäre Gold wert! Beim Selbstwertgefühl geht es ja darum, wie gut wir uns kennen und wie wir uns dazu verhalten.

Manche Kinder von heute halten es kaum aus, sich zu langweilen. Ständig wollen sie was tun und unterhalten werden. Und die Eltern machen Vorschlag um Vorschlag oder sorgen für Unterhaltung. Warum sagen wir da nicht einfach zum Kind: „Dir wird bestimmt bald was Interessantes einfallen!"

Viele Kinder sind sehr selbstständig. Die können das meiste selbst, aber eben doch noch nicht allein. Stehen wir Eltern ihnen bei. Auch diese Kinder brauchen liebevolle Fürsorge, unsere Hilfe oder mal einen Rat. Am liebsten hätten diese Kinder unseren Beistand als Angebot, quasi als Buffet präsentiert. Die Kinder wollen selber entscheiden, wie viel und wann sie etwas davon nehmen. Manchmal geschieht dies halt nicht genau dann, wenn wir es für richtig halten. Wir Eltern sind meist viel zu schnell. Diese Haltung erfordert ein Umdenken von uns Eltern. Nehmen wir uns die Zeit. Relax! Das Leben mit Kindern kann dadurch viel entspannter werden. Und eigentlich ist es gar nicht so schwierig zu sagen: „Sag mir einfach, wenn du Hilfe brauchst."

Die Belohnungsfalle – so tappen Sie nicht hinein!

Kennen Sie die Belohnungsfalle? Bestimmt sind Sie schon hineingetappt. Und das geht so: Kinder lernen, dass sie ihren Willen eher durchsetzen, wenn sie ihr Verhalten steigern. Nehmen wir mal an, das Kind will Fernsehen. Sie wollen nicht, das es dies tut und sagen deshalb nein. Das Kind beharrt nun weiter auf seinem Wunsch. Sie sagen mehrmals nein. Das Kind wiederholt sein Verlangen, sieht Sie mit grossen Augen an, bittet und bettelt oder wird immer lauter und fordernder. Vielleicht verspricht es, das Zimmer aufzuräumen, Ihnen eine Zeichnung zu machen, nett zu sein. Indem Sie jetzt ihrem Kind nachgeben und das Fernsehen erlauben, obwohl Sie Nein gesagt haben, nur um das Gequängel zu beenden ... ja dann können Sie leicht in eine Falle geraten!

Unglücklicherweise wird ihr Kind so quasi dafür belohnt, dass es immer fordernder wurde. Es lernt, dass es hartnäckiger oder lauter werden muss, um seinen Willen durchzusetzen. Auch Sie als Eltern werden dabei belohnt. Zumindest für kurze Zeit. Sie haben jetzt ihren Frieden und das Thema ist beendet. Da beide einen Nutzen daraus ziehen, wird sich die Situation mit Bestimmtheit wiederholen.

Auf ähnlicher Weise können wir Eltern uns leider langsam aber sicher angewöhnen, lauter zu werden. Oder heftiger reagieren, wenn wir uns dadurch besser durchsetzen können. Sie rufen das Kind mehrmals zum Essen. Keine Reaktion. Sie werden lauter und lauter, bis sie schliesslich schreien: „KOMM JETZT ENDLICH ODER DU ...!“ Sie drohen mit einer Konsequenz. Nun kommt das Kind endlich. Ihr Kind lernt: Jetzt erst gilt es ernst, jetzt ist die Grenze der Mutter erreicht. Vorher passiert ja nichts, weshalb sollte ich denn kommen? Vor der Konsequenz fürchtet es sich vielleicht oder hat keine Lust darauf und kann dann quasi weiter entscheiden, will ich jetzt kommen oder warte ich noch ein bisschen? Es lernt, dass Sie es erst JETZT ernst meinen. Jetzt, wo Sie schreien oder drohen. Es wird folglich auch in Zukunft auf diese Anzeichen warten, bevor es tut, was Sie ihm gesagt haben. Sie wiederum profitieren von ihrem Schreien, weil das Kind nun tut, was Sie möchten. Das Kind wird belohnt, weil sie dann mit dem Anschreien aufhören. Auch da, beide profitieren, deshalb wird die Situation wieder auftreten.

Wie umgeht man diese Belohnungsfalle?
Wenn das Kind lernt, was mir wichtig ist und ich bei meinem Wort bleibe. Wenn es nicht erst auf das Androhen von irgendwelchen Konsequenzen warten muss. Damit umgehen wir die Falle. Ich muss meine Grenzen kennen lernen und dem Kind in einer ruhigen Minute klar machen, dass es mir jetzt persönlich wichtig ist. „Kind, bis jetzt war das mit dem zum Tisch kommen ein Theater. Nun möchte ich das einfach nicht mehr! Wenn ich zum Tisch bitte, werde ich dich nur noch 2x rufen und dann will ich einfach, dass du kommst." Oder beim NEIN sagen: „Von nun an zählt mein NEIN. Ich werde in Zukunft meine Meinung nicht nach 10 Minuten Gequängel von dir ändern."

Und wenn das Kind damit nicht einverstanden ist? Dann ist es halt so. „Kind, du muss damit auch nicht einverstanden sein. Ich, deine Mutter will das, weil es mir jetzt wichtig ist."

Wenn ein Kind wirklich etwas will und es nie kriegt? Habe ich nur ein schlechtes Gewissen? Ist es wirklich ein inniger Wunsch des Kindes? Sprechen Sie mal zusammen darüber und finden es heraus! Natürlich ändern wir unsere Meinung. Wir sind nicht immer gleich gut drauf, unsere Grenzen verschieben sich, das ist völlig in Ordnung! Wir könnten dem Kind beim nächsten Mal sagen: „Du hast das so sehr gewollt. Ich hab es gehört. Nun finde ich: „Ja, jetzt darfst du ..." Aber aufgepasst! Tappen Sie nicht in die Belohnungsfalle ...

Mut zur Lücke

Wisst ihr, was Kinder brauchen?

Kinder brauchen Eltern, die täglich viele Fehler machen und keine Lust haben, perfekt zu sein. (sagt Jesper Juul)

Das gefällt mir ausgesprochen gut. Kinder brauchen wirklich keine perfekten Eltern. Nur wir selber haben manchmal ein Problem damit. Ist es dir auch schon so ergangen?

Plötzlich kann man nicht mehr alles so machen, wie wir es uns vorgestellt hatten, bevor die Kinder unseren Alltag massgeblich mitbestimmten. Doch manchmal begegnen mir Mütter, die scheinen einfach perfekt zu sein und alles unter einen Hut zu bringen. Ach wie toll! So ist quasi eine Supermom:

- eine gute Mutter
- bewältigt den Alltag
- trifft richtige Entscheidungen
- achtsam
- glücklich
- ausgeglichen, in Balance
- weiss immer, was zu tun ist
- sicher
- froh
- lebendig
- optimistisch
- stolz
- entspannt
- ruhig
- hilfsbereit
- geduldig
- schlau
- anwesend
- interessiert

- einfühlsam
- kann loslassen
- gut gelaunt
- genug Energie
- lustig
- aktiv
- kreativ
- gutes Vorbild
- schnell
- mit 1000 Armen und Beinen
- wach
- nie Müde
- stark
- gutaussehend
- schlank
- sportlich
- vernetzt
- in guter Beziehung
- liebevoll
- Superkoch, Sängerin, Unterhalterin, Psychologin
- Lehrerin, Freundin, Ehefrau, Ärztin, Wahrsagerin
- aus Elastik, Plastik, Beton, Muskeln, je nach Situation
- und perfekt in allen Dingen.

Aber wir sind weder Supermom noch Superdad, die gibt es nicht und das ist auch nicht nötig. Also, sind wir Eltern doch einfach die Person, die wir sind. Hin und wieder ungerecht, schlecht gelaunt, mies aussehend, schlampig, frech, laut und unperfekt. Wir können nicht überall gut sein.

Beschäftigt mit den Aufgaben und Pflichten in der eigenen Familie, Partnerschaft und mit dem eigenen Job nehmen wir uns kaum die Zeit, die Gestaltung unseres Alltags zu überdenken. Vielleicht könnten wir das hin und wieder tun. Und dann machen wir mehr von dem, was wir können, wo wir gut sind und was uns Spass macht. Unsere Kinder nehmen nämlich keinen Schaden, wenn ich zum Beispiel nicht mit ihnen wandern gehe. Vielleicht zaubert ihr keine hohen Torten, könnt keine Lieder singen, weder basteln oder einen Kräutergarten anlegen?

Mut zur Lücke! Eltern, seid unperfekt und zufrieden mit euch und euren unperfekten Kindern.

Eklig aber wohltuend. 12 Fragen für Eltern.

Belangloses aus unserem Alltag frisst die Zeit ... und viel zu schnell ist es immer wieder Montagmorgen und dabei fragen wir uns selten, um was es eigentlich geht.

Damit wir es als Familie gut haben zusammen, versuchen wir Eltern so einiges, und dies auf mehr oder weniger kreative Weise. Wir erwarten viel von den Kindern. Wir sind oft unzufrieden mit ihrem Benehmen, dem Chaos im Kinderzimmer, ihren Hausaufgaben, der Mithilfe im Haushalt. Wir versuchen immer wieder aufs Neue, liebe und brave Kinder zu kriegen und ... schaffen es in den meisten Fällen nicht. Zum Glück!

Eltern starten manchmal noch in der Pubertät ihrer Kinder eine Art Turbo-Erziehung, die dann auch nicht mehr funktioniert. Dies frustriert einfach alle, nervt, passt nicht mehr in unsere Zeit. Was dann sonst? Stellen wir uns doch jetzt mal ein paar Fragen. Schwierig und vielleicht eklig, aber mit der Zeit unglaublich wohltuend für alle. Ich bin überzeugt, dass es sich lohnt, sich damit zu beschäftigen. Die Antworten darauf werden wir nicht sofort kriegen. Was wir dazu brauchen ist Zeit zum Nachdenken.

Ok, viel zu schnell ist es dann wieder Montagmorgen und wir hatten vielleicht keine Zeit. Ich weiss ...

12 Fragen für Eltern

1. Was tue ich für mich, damit es mir gut geht?

2. Wie pflege ich meine Partnerschaft?

3. Wie entwickle ich eine gute Beziehung zu meinem Kind?

4. Welches sind meine Grenzen?

5. Welche Werte und Überzeugungen sind mir/uns wirklich wichtig?

6. Warum möchte ich, dass mein Kind sich so oder so verhält?

7. Kann ich damit leben, wenn mein Kind es anders macht?

8. Bin ich aufmerksam, ruhig und gelassen?

9. Wie viel rede ich auf mein Kind ein?

10. Interessiere ich mich für mein Kind?

11. Wie reagiere ich auf Fehler?

12. Wer ist mein Kind jetzt?

Ziehen & Stossen

Manchmal stehen Eltern vor verschlossener Tür. Na dann müssen wir es wohl später wieder versuchen!

Und dann, sollten wir ZIEHEN oder STOSSEN? Manchmal nützt weder noch. Zum Beispiel nützt es nichts, an unseren Kindern zu ziehen. Sie werden dadurch weder grösser noch schneller und sicherlich auch nicht besser. Mit Stossen kommen wir auf Dauer auch nicht weiter. Achten Sie sich mal darauf, wie oft Eltern ihre kleinen Kinder so durch die Gegend schupsen. Sei das mit den Händen oder mit dem Mund: „Komm jetzt, geh schon, wir müssen endlich los!“ Oder bei den Hausaufgaben: Mach schon, geht’s nicht endlich etwas schneller? Ich habe nicht ewig Zeit.“

Manchmal kommt es mir vor, als stehe das Kind vor dem Berg, hinter ihm die Eltern und wenn diese das Kind nicht alle paar Minuten ein bisschen schupsen würden, bliebe es stehen oder fiele rückwärts herunter. Ich finde diese Methode für alle viel zu anstrengend! So lernt das Kind nicht, selber was in Angriff zu nehmen oder durch zu halten. Warum sollte es auch? Bis jetzt musste es ja nicht. Wenn es nicht mehr weiter ging, kriegte es gleich Hilfe.

„Hey“, könnte man da stattdessen sagen. „Bis jetzt habe ich dich meist gestossen und angetrieben. Das ist jetzt zu Ende. Ich werde mir Mühe geben, dies nicht mehr zu tun. Jetzt will ich, dass du selber läufst.“

„Ich mag aber nicht“, lautet dann vielleicht die Antwort. „Das sehe ich. Bitte tue es jetzt trotzdem.“ Und dann vertraue ich dem Kind, dass es selber losläuft. Vielleicht mir zuliebe, vielleicht nicht sofort, aber das spielt auch gar keine Rolle.

Statt ZIEHEN und STOSSEN könnten wir, den Kindern einfach sagen, was wir wollen. Die Kinder werden uns mit der Zeit (wenn wir sie lassen) auch sagen, was sie können, wollen oder eben auch nicht wollen ... und dann wird zusammen gesprochen, oh wird das spannend!

Komm und spiel mit mir

Kinder sollten so viel wie möglich spielen. Und wenn wir sie lassen, tun sie das auch. Aber wir Erwachsenen? Spielen doch viel zu wenig zusammen. Ich mag die einfachen Kartenspiele. Weil ich hin und wieder gewinne? Weil wir die immer in den Ferien spielen? Keine Ahnung.

Mit den Kindern ihre eigenen Spiele zu spielen, das passt nicht allen Eltern gleich gut. Dabei ist es eigentlich ganz einfach. Man muss nämlich gar nichts tun. Ich setze mich manchmal ins Kinderzimmer und frage: "Was spielen wir denn jetzt? Wer bin ich?" Und dann fällt es mir meist viel leichter, ein bisschen mitzuspielen. Ich halte mich dabei meist zurück und überlasse die Geschichte dem Kind. Denn meine Ideen kommen selten gut an. Oder, wenn es mir gar nicht drum ist, dann guck ich auch mal nur ein bisschen zu. Das gefällt den Kindern meist auch gut. Oder sie sagen: "Ach, jetzt kannst du wieder gehen." Auch gut.

Ich finde es schön, wenn wir zusammen am Tisch sitzen und ein Spiel spielen. Da findet man wieder zusammen, kann lachen oder auch mal zum Ärger des Alltags Abstand gewinnen. Wir haben in den Ferien ein Spiel so abgeändert, dass man sich zu den gewonnenen Steinen jeweils noch eine Süssigkeit schnappen darf (kann natürlich auch durch Gesünderes wie Fruchtschnitzchen, Nüsse oder Sultaninen ersetzt werden). Dieses Spiel wurde kurzerhand zu unserem "Schokoladenspiel" und es gewann urplötzlich enorm an Attraktivität. Klar, die Schleckereien standen natürlich im Vordergrund, und doch ging es auch um das Spiel, ums Zählen, Würfeln, Regeln einhalten, nicht aufgeben, sich konzentrieren ... ach was man doch beim Spielen alles lernt!

Happy Birthday

Kindergeburtstag. Jubel für die Kinder und Trubel für die Eltern? Es gibt ja Mütter und Väter, die übertreiben, finden Sie nicht auch? Jedes Jahr muss den Kindern mehr geboten werden. Von der Hamburger Party bei Mc Donalds ins Kino, auf die Kartbahn oder zum Ponyhof mit anschliessender Pyjama Party und Brunch am nächsten Tag? Beim Kindergeburtstag bin ich ein bisschen altmodisch. Ich finde, ein Mal im Jahr hat ein Kind das Recht auf eine richtig schöne kleine Feier mit Freunden. Dazu gehört auch gar nicht viel. Ein paar Kinder, Geschenke, Kuchen mit Kerzen drauf, das Happy Birthday, ein paar Spiele und Überraschungen für die Kinder. Aber dazu lass ich mir dann schon was einfallen. Bei uns gibt's immer ein Thema, vom Geburtstagskind im Vorfeld selber gewählt. Und das muss nicht unbedingt das Motto sein, wozu man im Spielzeugladen die entsprechenden Pappteller, Servietten und Becher kriegt.

Zum Motto schreib ich mir dann einfach mal alles auf, was uns dazu in den Sinn kommt. Die Spiele sind alte Klassiker, welche ich selber schon an Geburtstagen gespielt habe. Die Kinder lieben das! Ich passe sie einfach dem entsprechenden Thema gern etwas an. Spannend finde ich es, wenn das Ganze ein bisschen in eine Geschichte gepackt wird. Beim Thema „Planeten“ habe ich den Kindern leider erzählt, dass ich nun schon etwas alt sei, nicht mehr so gut sehe und deshalb wirklich sehr froh sei, dass ich nun an dieser Feier hier junge Planetenforscher ausbilden könne. Ok, die Kinder haben dann bei sich zu Hause sicher erzählt, dass ihr Kollege eine etwas ältere Mutter hätte, die ihre Arbeit nicht mehr so gut sehe. Aber was solls. Stimmt ja auch. Man wird älter. Dies ist aber nicht selbstverständlich und soll gefeiert sein. Und deshalb gehe ich jetzt ein Stück Kuchen essen. Happy Birthday!

Statt Interviews und Anweisungen

Kinder kriegen von uns Tag für Tag viel zu viele Anweisungen, wir dirigieren und befehlen ständig rum. Es scheint uns einfacher, dem Kind rasch zu sagen, was es in unseren Augen tun soll als darauf zu warten, dass es ihm selber in den Sinn kommt.

Meist sind wir dabei zu schnell. „Kind, hör jetzt auf, so rumzuschreien. Sag bitte mit ruhiger Stimme, was du gern hättest." Dies hat zur Folge, dass ein Kind sich mit der Zeit daran gewöhnt. Erstens, weil wir fürs Kind das Denken übernommen haben und zweitens, weil meist nacheinander so viele Anweisungen kommen, so dass es diese gar nicht alle aufnehmen kann. Beim einen Ohr rein, beim andern raus.

Und dann das mit den Interviews. Ich weiss auch nicht, weshalb wir eigentlich unseren Kindern immer so viele Fragen stellen müssen. Kaum sind sie zur Tür rein, geht's los: „Wie war es in der Schule? Hast du Hausaufgaben?" und dann meist gleich noch die Anweisungen: „Geh dir die Hände waschen. Stell bitte die Schuhe richtig hin, dann kannst du gleich zum Tisch kommen." Da mag man doch als Kind gar nicht mehr das erzählen, was wirklich interessant wäre. Es ist schon so, jener, der die Fragen stellt, fühlt sich mächtiger als jener, der darauf antworten muss.

Für mich ist das mit den Fragen immer ein wenig wie die Situation während einem unangenehmen Vorstellungsgespräch. Deshalb täten uns wirklich gut daran, mal ein bisschen abzuwarten. Die Kinder ihre Geschichten dann erzählen zu lassen, wenn sie bereit dazu sind. Vielleicht nach 5 Minuten, nach ein paar Stunden oder noch später. Manchmal mag man einfach nicht reden, oder? Und dann bitte ich euch, hört euch die Sache, die sie erzählen, bis zum Ende an. Wir brauchen dann auch nicht zu beurteilen: „Wer hat das getan? Wer ist schuld?“ Meist ist das Erlebte einfach mal erzählt und es ist gut so. Ich sage dann oft: Und jetzt? Und mein Sohn darauf: „Jetzt? Ist nichts mehr!“

Also, nun gilt es für mich. Eine Woche lang werde ich alle Anweisungen, die ich den Kindern gebe, viel bewusster machen. Sie sollten direkt, klar und persönlich sein. Ich nehme mir vor zu sagen: „Ich möchte/oder ich will dass du ..." Und dann muss ich noch klar sagen, was mir wichtig ist. „Kind, ich will dass du jetzt deine Schuhe anziehst.“ Ist nämlich eh viel besser als „Kind! Machst du vorwärts? Du musst pressieren, sonst kommst du zu spät!“

Ich werde versuchen, weniger Anweisungen wie: komm/ geh/ mach/ bring/ hol dies oder das zu geben. Keine Interviews mit vielen Fragen, die beantwortet werden müssen. Stattdessen werde ich persönlich und gebe direkte und klare Anweisungen sowie den Kindern und mir Zeit zum selber erzählen und zuhören.

Schreckliche Dinge werden geschehen!

Und vor lauter Angst werden Kinder gehorchen?

„Du musst jetzt helfen, deine Jacke anzuziehen. Sonst reicht es uns nicht mehr beim Aussteigen. Dann werde ich alleine heim gehen. Du wirst ohne mich im Zug bleiben, ganz fest weinen und fürchterliche Angst haben!“ So sprach im Zug ein Vater kürzlich zu seinem zweijährigen Sohn. Was sagt man dazu?

Ich persönlich finde, dass man seinem Kind zu Hause in Ruhe lernen kann, die eigene Jacke anzuziehen. Im Zug unter Androhung der Tatsache, das Kind alleine zurückzulassen, finde ich es grässlich. Wieso sagen Eltern solche Dinge immer wieder? Warum drohen wir unseren Kindern mit unmöglichen Sachen, die wir dann (hoffentlich) doch nicht tun? Weil es eben funktioniert. Leider!

Die Kinder werden sich vor den Konsequenzen fürchten und uns gehorchen. Eine Zeitlang, jedenfalls. „Wenn du jetzt nicht aufpasst, gibt's einen Strich!“ Und bei drei Strichen, was dann? Dann sind wir wohl auch schon bei den Strafen angelangt.

Mir wäre es viel lieber, die Kinder würden uns Eltern statt die angedrohten Konsequenzen ernst nehmen. Ich könnte mich so äussern: „Nun werden wir bald aussteigen. Bitte zieh dir jetzt deine Jacke an.“ Und sollte dies noch nicht so ganz klappen würde ich die Jacke nehmen, mit dem Kind austeigen und anschliessend draussen sagen: „Nun aber hinein in die Jacke, es ist kalt! Das nächste Mal will ich dass es klappt mit dem Anziehen, das wäre schön.“ Und mit der Zeit, ich bin mir sicher, würde es das Kind können. Aber vielleicht noch nicht auf der nächsten Zugfahrt.

Die meisten Eltern, die mir begegnen, wollen ihren Kindern nicht drohen, machen es aber trotzdem. Wir denken, das Kind dadurch quasi zu „warnen". Aber Drohen ist ein Ersatz fürs Handeln! Wie kommen Eltern davon weg? Indem ich dem Kind klar mache, mich als Mensch ernst zu nehmen statt Angst vor irgendwelchen Konsequenzen zu haben. Es ist ganz einfach. Ich brauche nur zu sagen: „Ich will, ich will nicht."

Probieren wir es aus! Und nichts Schreckliches wird geschehen.

Pubertät

Liebe Tonia,
Meine Tochter ist 13. Sie ist kein Kind mehr und doch noch nicht erwachsen. Sie ist mir gegenüber oft frech oder abweisend und sie macht was sie will. Dies trifft mich! Zudem nervt mich langsam aber sicher ihr unordentliches Zimmer. Sie wirft ihre Wäsche einfach hin und es scheint sie überhaupt nicht zu stören. Wenn ich sie frage, warum sie das Zimmer nicht aufräume, sagt sie, dass sie es vergessen habe. Was soll ich tun, damit wir es wieder schön zusammen haben?

Liebe Grüsse von einer Mama

Antwort von Tonia von Gunten:

Liebe Mama
Deine Tochter ist auf dem besten Weg, erwachsen zu werden. Sie muss nun herausfinden, was sie selber mag und was nicht. Was für sie stimmt und was nicht. Bis jetzt wurde ihr wahrscheinlich gesagt, was sich gehört und wie man sich verhalten sollte. Du hast ihr deine Werte und Regeln mit auf den Weg gegeben. So gilt es zum Beispiel in vielen Familien, dass man freundlich miteinander spricht und sein Zimmer aufräumt. Aber nun muss deine Tochter beginnen, selber herauszufinden, welche Werte ihr wichtig sind. Und das scheinen im Moment gerade andere zu sein als ein ordentliches Zimmer zu haben. Vielleicht wird sie es ja aufräumen, wenn sie ihren ersten Freund nach Hause nehmen möchte?

Ich denke, dass du dich jetzt zurück lehnen darfst. Das Erziehen hast du hinter dir und eine Turboerziehung bringt nun überhaupt nichts mehr. Dennoch bist du gerade in der Pubertät für deine Tochter enorm wichtig. Die Jugendlichen wollen nämlich wissen, was ihre Eltern denken. Wir Eltern haben einen grossen Einfluss auf die Jugendlichen, auch wenn wir das nicht immer glauben. Frage dich betreffen dem Zimmer, wo deine Grenzen sind. Womit kannst du selber leben und womit nicht?

Die Gehirnforschung lässt vermuten, dass gewisse Reaktionen von Jugendlichen eigentlich gar nichts mit Rebellion zu tun haben. Es ist ja eine biologische Tatsache, dass das Gehirn der Jugendlichen umgebaut wird. Und dabei sind gewisse Teile im Kopf eine Zeitlang ausser Gefecht gesetzt.

Setz dich doch hin und überlege dir, worauf du dich von jetzt an bei deiner Tochter achten wirst. Auf alles Wunderbare, auf ihre Stärken? Oder eher auf all das, was noch fehlt, nicht in Ordnung ist und deine Tochter nicht gut macht? Damit ihr es schön zusammen habt, wie du dir das wünschst, empfehle ich dir, die Glücksmomente zu beachten. Warte ab und nimm dein Kind langsam aber sicher als junge Frau an. Sie wird nie mehr das kleine Mädchen sein, als das du sie vielleicht noch siehst. Lass sie an deinem Leben teilhaben und mitentscheiden. Vertraue ihr und sprich mit ihr, als würdest du mit einer guten Freundin sprechen. Statt ihre Gegnerin zu sein könntest du zur Trainingspartnerin werden.

Wer führt denn da?

Wenn sich die eigenen Kinder so verhalten, dass es einem graust ... Wenn man sich in Grund und Boden schämt oder sich verzweifelt fragt: „Wieso tun sie dies? Machen meine Kinder das mit Absicht, um mich zu ärgern?“ Immer dann sollten wir uns stattdessen ein bisschen zurück nehmen und uns diese Frage stellen: „Wer ist denn dieses Kind?“ In diesem Moment kann man die Frage natürlich nicht wirklich beantworten. Aber sie hilft.

„Ich weiss gerade nicht, wer dieses Kind ist. Es kommt wahrscheinlich aus einem fernen Land!“ So beantworte ich mir gern meine komische Frage. Später werde ich dem Kind dann erklären, wie ich es mir mit uns zusammen vorstelle, damit es alle auch weiterhin mehr als nur aushalten zusammen. „Heute Nachmittag draussen wurdest du ja furchtbar wütend, oder? Das hat mir gar nicht gefallen, als du diese Holzstöcke rumgeschmissen hast. Bitte lass dies morgen sein. Ich will nicht, dass du dies nochmals tust.“ Ich werde das Kind nicht strafen. Es gibt auch keine Drohung wie „wenn du das nochmal machst, dann kommen diese Hölzer weg.“ Ich werde einfach nur sagen, wie ich es gerne hätte.

„Aber man muss doch reagieren! Ist doch voll peinlich, wenn das Kind ... und wenn es andere schlägt, kann ich doch nicht einfach zusehen!“ Höre ich immer wieder und denke es mir selber auch ab und an. Aber es hilft den Kindern und uns selber überhaupt nicht, wenn wir immer gleich dazwischen funken. Für die Kinder denken, handeln, entscheiden. Wenn wir zu unseren veralteten und in die Jahre gekommenen Erziehungsmethoden greifen, nur weil uns nichts Besseres zur Verfügung steht! Aber statt den Polizisten, der für Ruhe und Ordnung sorgt zu spielen, sollten wir versuchen, den Fremdenführer für unsere Kinder zu sein. Wie jener, der die Chinesen in

Bern am Zytglogge rum führt und ihnen erklärt, wie die Uhr dort oben funktioniert.

Manchmal können Eltern nicht führen. Und manchmal übernehmen die Kinder die Führung. Das kann aufgrund verschiedener Gründe geschehen. Es ist für ein Kind mit der Zeit sehr schwierig, diese Führung zu behalten und meist sieht man auch sehr schnell: Es kommt nicht gut!

Man hat heute viele Resultate aus Schulen, wo die Kinder alles bestimmen durften. Es herrschte dort nämlich nicht wie gewünscht Ruhe und Ordnung. Die Kinder waren damit nicht glücklich und die Lehrer auch nicht. Die Kinder brauchen die Führung durch Erwachsene!

Was heisst dies konkret für die Familie?
Heute ist es ja zum Glück nicht mehr so, dass die Eltern alles bestimmen und dann die ganze Familie stillschweigend mit dem Kopf nickt. Es war wohl auch früher nicht so, dass die Kinder einfach immer gemacht haben, was der Vater sagte. Wenn sie dies taten, dann gingen dem oftmals Drohungen voraus. Man hatte als Kind Angst vor der Konsequenz, vor der Strafe, die dann folgte. Und deswegen war man gehorsam.

Heute setzen nun immer mehr Familien auf die Beziehung. Wir wissen dabei, dass es wichtig ist, dass die Eltern in der Familie führen. Dabei geht es auch darum, dass wir unsere eigenen Grenzen dem Kind mitteilen. Dies ist alles andere als einfach. In vielen Familien stehen die Kinder so lange im Zentrum, dass es schon fast weh tut. Und dann machen wir uns halt schon ein bisschen bei den Kindern unbeliebt. Aber auf lange Sicht wird die Beziehung zum Kind von gegenseitigem Respekt statt von Manipulation geprägt sein.

Wer führt bei Ihnen?
Eltern sollten wie Leuchttürme sein. Sie behalten den Überblick und können den Kindern wenn nötig klare Signale senden. Sie stehen sicher in der Brandung oder auch an ruhigen Gewässern. Es sollte nicht sein, dass die Kinder im Leuchtturm sitzen und die Eltern im Rettungsbot auf offener See rumschaukeln ...

Wie ist das Baby da reingekommen?

Kinder sollten es wissen. Und zwar alles. Ich mag es nicht, wenn Eltern ihre Kinder nicht aufklären. Die Kinder haben ein Recht darauf, von uns zu erfahren, wie sie in den Bauch und später wieder rausgekommen sind. Wie all ihre Körperteile heissen. Es gibt ja ausser Kopf und Bauch gerade unten rum noch vieles mehr ... Aber wie fängt man das bloss an? Wie spricht man mit Kindern über Gefühle, Liebe und Sexualität?

Es gibt heute sehr schöne Bilderbücher dazu. Mit Hilfe eines guten Buches können Sie sich in der Familie dem Thema annähern. Darüber spricht man bei Ihnen nicht? Das interessiert ihre Kinder gar nicht? Bitte fangen Sie trotzdem damit an. Sie stärken damit Ihre Kinder! Überlassen Sie die Aufklärung nicht den andern auf dem Schulweg oder den Medien. Es ist toll wenn Kinder über sich selber Bescheid wissen. Wenn sie auch NEIN sagen dürfen und merken, was OK ist und was nicht. Wenn sie Ihre Gefühle schon ein bisschen kennen und auch benennen können. Ich bin überzeugt, diese Kinder werden sicherer in ihrem Leben unterwegs sein!

Vielleicht stellen die Kinder Fragen. „Wo kommt ein Baby her, Papa?“ Sie müssen dabei nicht jedes Detail erzählen, das mögen die wenigsten Kinder. Ein Buch kann dabei aber sehr gut helfen, mit Kindern offen und ehrlich über Dinge zu sprechen, die sie bewegen. Sie werden beim Erzählen merken, was Ihre Kinder interessiert und was noch nicht. Platzieren Sie das Buch bei Ihren andern Kinderbüchern. Am Besten gut zugänglich, damit die Kinder auch später selber einen Blick hinein werfen können. Wenn Ihre Kinder mit 3, 4 Jahren über ihre Gefühle und ein bisschen was über die Sexualität Bescheid wissen, dann ist dies auch keine so grosse Sache mehr. Dann gehört die Aufklärung zum Leben der Kinder dazu wie das Butterbrot zum Frühstück.

Glücklich sein

Scheissgefühle

Es ist so. Jeder hat sie. Gefühle. Und dazu gehören auch die SCHEISSGEFÜHLE. Ich muss die jetzt einfach mal beim Namen nennen.

Es gibt so Tage, da würde man am liebsten gar nicht aufstehen. Wenn das eigene Kind am Bett steht und mir ins Ohr brüllt: "Aufstehen! Jetzt endlich!" Dann frage ich mich schon, was da bei uns im Moment gerade schief läuft. Und wenn ich es dann endlich schaffe, auf den Wecker zu sehen und feststelle, dass es Montag morgen um Fünf ist, ja dann ... fängt der Tag schon mal extrem gut an!

Es gibt halt auch für Kinder Tage, an denen alles ein bisschen krumm läuft. Da erwacht man nach komischen Träumen viel zu früh. Alle schlafen noch und denken nicht daran, aufzustehen. Und das kleine Spielzeug, das man doch gerade jetzt so gerne hätte, ist unauffindbar. Wahrscheinlich tief unten im Keller. Und das sollte man eben gerade jetzt und unbedingt zum Spielen haben. Wirklich. Und so fängt der Tag dann halt an. Ein Scheissgefühl ist das, für das Kind, jawohl! Sollen es jetzt nur alle wissen.

Und wir Eltern müssen dies jetzt einfach so ertragen? Den ganzen Tag über uns ergehen lassen, egal, wie das Kind sich verhält? Oder sollten wir das ignorieren? Nein, das müssen wir bestimmt nicht. Aber ich denke, wir sollten schon lernen, die Gefühle unserer Kinder auszuhalten und ernst zu nehmen, denn auch die schwierigen Gefühle gehören zum Leben dazu. Und da wir schon eine ganze Weile länger auf dieser Erde weilen, und bestimmt schon den einen oder andern miesen Tag hatten, könnten wir unseren Kindern ja bei dieser Gelegenheit lernen, wie man damit umgeht. Und selber hilft uns das Training sicher auch. Dass wir manchmal auch schlechte Gefühle haben, ist allen klar. Auch wenn wir ihnen keinen

Platz geben möchten und lieber immerzu glücklich sein wollen.

Wir könnten unseren Kindern helfen, die Sache in Worte zu fassen. Eine Möglichkeit wäre es zu sagen: „Ich denke, das macht dich nun gerade sauer, dass wir noch nicht aufstehen und du dein Spielzeug nicht hast. Das fände ich wahrscheinlich auch doof, wenn ich dich wäre. Aber so ist es halt nun mal. Und da es erst Fünf Uhr in der Früh ist, will ich jetzt weiterschlafen. Also tschüss!“ Ja und dann würde ich mich nochmals umdrehen, die Augen schliessen und auf der Stelle tief und fest weiter schlafen. Und später, Stunden später würde ich von einer sanften Stimme neben mir geweckt: „Mami, guten Morgen, ich habe dir einen Kaffee gemacht!“

So ein gutes Gefühl!
Na ja.
Träumen darf man ja.

Wäre ich doch einfach Supermami!

Das Muttersein haben sich die meisten Frauen, die ich kenne, vor den eigenen Kindern ganz anders vorgestellt. Wie ist das bloss alles zu schaffen? Da sind plötzlich Wäschestapel, dass einem schlecht wird, wenn dies nicht aufgrund vom stinkenden Windeleimern oder Erbrochenem auf der eigenen Schulter schon vorher geschah. Da war man seit Monaten nicht mehr beim Sport und leidet unter chronischem Schlafmangel. Die früheren Konzertbesuche scheinen Jahre zurück zu liegen, und wann trafen wir uns eigentlich das letzte Mal mit Freunden auswärts zum Essen?

Da liegen plötzlich Unmengen von Legosteinen auf dem Boden rum. Sind Sie schon mal mit nackten Füssen nachts in so ein Ding getreten? Dann wissen Sie, von was ich da rede. Mir scheint, mit kleinen Kindern ist nicht viel wirklich planbar. Oder doch? Planbar eigentlich schon, aber bei der Durchführung ist dann oftmals eine solche enorme Flexibilität gefragt, dass man fast durchdreht, weil vieles meist sowieso anders kommt. Wünscht man sich da manchmal das alte Leben zurück? Ja! Obwohl selten jemand seine Kinder wieder hergeben möchte, gelegentlich wäre es doch ganz nett, ein bisschen alleine zu sein. Ach wäre ich doch einfach Supermami! Mit viel Kraft, Ausdauer & Humor. Und ich nähme mein neues Familienleben leicht und locker ...

Wie auch immer, irgendwie wird das Baby zum Kleinkind. Bei vielen Mamas geht's dann ran an die nächste Stufe des Lebens, auf zum 2. Job! Das eigene Kind wird nun, wenn dies nicht schon getan wurde, auch andern Personen anvertraut. Und das länger als nur ein paar Stunden. Einen ganzen Tag, eventuell sogar über Nacht? Auf den Job freut man sich meist, denn endlich kann man auch wieder Dinge tun, von denen man WIRKLICH etwas versteht und die nichts mit dem eigenen

Kind und Haushalt zu tun haben. Kind und Beruf vereinbaren, so schwer kann das doch gar nicht sein! Schliesslich machen das viele andere Frauen und vor allem Männer auch.

Puh! Nun fängt es aber erst richtig an, happig zu werden. Bevor man zur Arbeit fährt, hat man immerhin schon ein paar Stunden Arbeit zu Hause hinter sich ... Und alles ohne Superkräfte. Ich bin doch keine Supermami! Und dennoch habe meine Arbeit, die ich mag, möchte das Leben geniessen und glücklich sein mit meiner Familie.

Was kann ich denn tun, um Kind & Job & Happy Days zu haben? Hier 3 Ideen zum Ausprobieren:

1. Eigene Vorschläge machen

Fragen Sie nicht mehr nach der Meinung anderer und fangen Sie an, selber Ideen oder Lösungen vorzuschlagen, die für Sie im Moment stimmen. Beginnen Sie mit kleinen Dingen. „Lasst uns ... versuchen, und wenn das nicht klappt, versuchen wir etwas anderes." Dies hilft sowohl im Job als auch privat. Niemand wird Ihnen böse sein, wenn Sie ZB vorschlagen: „Ich werde mein Kind bereits nach zwei Stunden von der Geburtstagsparty abholen." Denn schliesslich haben Sie danach das Vergnügen, ihr Kind fix und fertig zu betreuen.

2. Es-gut-sein-lassen

Führen Sie den Haushalt höchstens noch im Nebenamt. Wer abends müde von der Arbeit kommt, sieht den Dreck eh nicht mehr. Geben Sie die Verantwortung für den Haushalt ab, wenn Sie dies wollen und auch können. Sie werden aber damit leben müssen, dass die frei gewordenen Arbeiten anders erledigt werden oder auch eine Zeitlang überhaupt nicht mehr. Egal!

3. Sich auf das Wesentliche konzentrieren.
Ich frage mich selber auch im Umgang mit meinen Kindern immer wieder: „Ist dies mir jetzt wichtig? Ist es das, worauf ich Wert lege oder spielt das jetzt eigentlich gar keine Rolle?“ Da merke ich oftmals, dass ich mich in Unwesentlichem verstrickt habe. Schnell raus da sag ich nur!

Supermami gibt es nicht. Niemand hat immer Kraft, Ausdauer & Humor. Lassen wir es doch auch einfach mal gut sein.

Das kleine Glück und seine Freunde

Das kleine Glück nahm einen tiefen Atemzug. „Ach, riecht das gut heute Morgen!“ Nach Frühling, nach Flieder und Maiglöckchen im Garten. Das Glück konnte es kaum fassen. „Endlich!“ Nach dem Winter tat es so gut, die Luft, die sich angenehm warm anfühlte, einzuatmen. Herrlich. Das Glück trat hinaus, nahm einen tiefen Atemzug, lächelte in die Welt, drehte sich um sich rundherum und dann wollte es spielen. Heute am liebsten mit Flugzeugen. Damit konnte es sich sehr lange beschäftigen, es hatte eine riesen grosse Freude daran.

Die Freude
Im Zimmer rumfliegen, landen und wieder starten, es war so wunderbar. Das machte wirklich grosse Freude! Aber, wo zum Kuckuck waren denn all die Flugzeuge geblieben? Hatte Mama wieder aufgeräumt heute Morgen? Das durfte doch nicht wahr sein. Als die Freude in der Schule war? Frechheit! So eine doofe Mama. Der Freude verging der Spass und sie wurde wütend. „Grrr ...!“ knurrte sie, legte die Stirn in Falten und ballte die Fäuste.

DIE WUT
„Wo sind meine FLUGZEUGE GEBLIEBEN?“ schrie sie durch die Wohnung und stampfte mit dem Fuss auf den Boden. Sie begann zu toben. Oh wie war sie wütend! Sie leerte den Sack mit all den kleinen Teilen, die Mama heute zusammen gelesen hatte, vor lauter Wut auf dem Teppich aus. Die Teile flogen durchs ganze Zimmer. Und als die Wut das Durcheinander auf dem Boden sah, bemerkte sie die Mama, die plötzlich im Türrahmen stand. Sie kam ganz ruhig ins Zimmer und wirkte traurig.

Die Traurigkeit
„Nein ..." sagte sie. „Das darf doch jetzt nicht wahr sein! Ich hatte so lange, um all die Sachen aufzuräumen." Sie legte sich eine Hand auf den Mund, drehte sich weg und wischte sich über ihre Augen. Weinte Mama? Das war der Wut im Moment völlig egal. Sie wütete weiter und weiter, und die traurige Mama verschwand leise schluchzend aus dem Zimmer.

Und nach der Mama verschwand irgendwann dann auch die Wut. Hatte sie sich in Luft aufgelöst? Hatte Mama sie eingepackt? Komisch, plötzlich war sie einfach nicht mehr da. Und stattdessen ... war da einfach nichts mehr.

Die Leere
Ganz hohl und leer, träge und schwer machte es überhaupt keinen Spass mehr. Die Leere wusste nicht, was sie tun sollte. Sie atmete einfach weiter. Ein und aus, ein und aus, rauf und runter, rauf und runter und so füllte sie sich mit frischer Luft. Das tat sie einfach so, schwer war das nicht. Dabei räumte sie das ganze Chaos vom Boden zusammen und gab alles in den Sack. „Geschafft! Ich hab es wieder aufgeräumt!" sagte die Leere mehr zu sich selber als zur Mama. Irgendwie war da plötzlich so was wie eine kleine Zuversicht. Ein kleines Gefühl, dass genügte, um die Leere ins Leere laufen zu lassen und sich schon wieder etwas besser zu fühlen.

Das Glück
Und dann nahm das kleine Glück einen tiefen Atemzug. „Ach riecht das gut heute Morgen! Irgendwie nach Herbst." Herrlich! Wie es wohl wäre, die trockenen Blätter durch die Luft zu wirbeln?

Das kleine Glück trat hinaus, nahm wieder einen tiefen Atemzug, lächelte in die Welt, drehte sich rundherum und dann ... wollte es spielen.

Nimm die Glückssträhne

Für mich ist Glück die Freude am eigenen Leben. Mein Lebensziel! Dazu brauche ich weder auszuwandern noch Lotto zu spielen. Es geht mir nicht darum, im Laden an der schnellsten Kasse zu stehen oder sonst irgendwie viel Glück zu HABEN. Es geht mir darum, Glück zu empfinden. Mit dem was ich habe, oder eben auch nicht habe.

Stell dir vor ... gerade JETZT beginnt deine eigene Glückströhne!

Schüttelst du jetzt den Kopf oder denkst: „So ein Quatsch! Es ist anstrengend mit den Kindern, meine Arbeitskollegen nerven und ich bleibe einfach ein Pechvogel! Gerade was mir gestern wieder passiert ist ...“ dann bist du wirklich in guter Gesellschaft. Irgendwie ist es für die meisten Menschen einfacher, sich schreckliche, traurige und schmerzende Erlebnisse zu merken und zu erzählen. Aber dadurch werden unsere Gedanken und Reaktionen doch langsam aber sicher negativer. Stimmt doch, oder?

Stell dir mal vor, dass es in deinem Kopf Stellen für Freude, Lust und Begeisterung gibt. So quasi dein eigenes Glückssystem! Wir sind für die guten Gefühle programmiert und können unser Gedächtnis für Gefühle trainieren. Wann immer wir etwas tun und lernen, verändert sich unser Gehirn und neue Maschen werden im Geflecht der Nervenzellen geknüpft. Besonders Emotionen bringen diese Umbauten in Gang. Darum können wir unsere Fähigkeit, Glück zu empfinden, steigern. Unser Gehirn merkt sich unsere Gefühle. Also, trainieren wir doch vermehrt den Bereich, der für die angenehmen Gefühle zuständig ist.

Sieh dich um nach positiven Momenten.

Ein Mensch, der oft glücklich ist, hat also gewisse Gehirnteile besser trainiert? Dazu müssen wir unseren Gefühlen und Gedanken mehr Aufmerksamkeit schenken. Emotionen sind nämlich Signale, und die sollten wir ernst nehmen. Ich meine damit nicht, sich selbst immer eine gute Stimmung einzureden. Es geht um die genaue Wahrnehmung der Wirklichkeit. Das Thema ist nicht, mehr Glück zu haben, sondern mehr Glück zu empfinden. Denn das Wahrnehmen des Augenblicks in unserem Alltag ist ein ganz wesentlicher Beitrag zu unserem Wohlbefinden.

Lass dich begeistern!

Angenehme Stimmung ist also trainierbar ... aber leider lässt sich auch unser Ärger wie Muskeln trainieren! Meistens sind wir uns im Familienalltag unserer Stimmung nicht bewusst. Ärgern dich deine Kinder? Bist du grundsätzlich erst mal niedergeschlagen? Nörgelst aus lauter Gewohnheit und merkst es selbst gar nicht mehr? Kreisen sich die Themen meist um dein Missbehagen? Das Verrückte ist ja, dass uns Eltern die kleinen Ärgernisse des Alltags in der Regel wesentlich mehr belasten als die wirklich grossen kritischen Lebensereignisse.

Über was sprichst du nach der Arbeit mit deinen Lieben? Kommen da erst mal die Ärgernisse des Tages zu Wort? „Ach, ich kann dir sagen, der tägliche Wahnsinn! Die Kinder haben dies und das ich habe ihnen tausend Mal gesagt ...“ Oder erzählt ihr euch von den Glücksmomenten? Von komischen und lustigen Situationen? Es gäbe so viele davon, wir müssen sie nur achten!

Welche Glücksmomente fallen dir ein?

Stopfe dein Gehirn ab sofort mit guten Erlebnissen voll!

Aggression

Wie kommt es, dass wir Kinder verurteilen, die aufbrausen, während uns Kindern, die alles in sich hineinfressen, eher sympathisch sind? Es ist tatsächlich so, dass heute die Aggression buchstäblich tabuisiert wird. Jegliches Verhalten in diese Richtung wird sofort im Keim erstickt. In vielen Schulen heisst es in den Hausregeln: „Wir sind nett zueinander!“ Da will die Schule also die schlimmen Kinder in gute verwandeln. Ich frage mich, wie das gehen soll. Und was wohl mit jenen Schülern geschehen wird, die eben mal „nicht nett zueinander“ sind? Auf alle Fälle gehören sie schnell mal nicht mehr zur Gruppe. Und wer nicht dazu gehört, fühlt sich minderwertig und kaum mehr wertvoll.

Früher wurden Kinder in ihren Familien und in der Schule kritisiert, bestraft und oft gedemütigt. Wir wissen heute, dass dies für die Kinder und die Beziehung mit Ihnen schädlich war und es immer noch ist. Aus diesem Grund haben sich viele Eltern von diesem Erziehungsstil distanziert, zum Glück! Aber stattdessen sprechen manche mit ihren Kindern in einer so sanften Sprache, erklären alles und wollen es den Kindern ständig recht machen. Und was passiert? Die Kinder werden frustriert. Sie haben Wutanfälle, schlagen und kratzen und kommandieren die andern herum. Andere Eltern wollen perfekt sein. Und die Kinder werden zu ihren Objekten im Projekt „unsere perfekte Familie“. Auch dies kann Aggressionen bei den Kindern hervorrufen.

Die Kinder werden heute fast rund um die Uhr kontrolliert und erzogen, belehrt, kritisiert oder gelobt. Na toll! Das Kind kriegt damit zu verstehen: So wie du jetzt bist, bist du noch nicht gut genug! Diese Kinder werden nicht so wahrgenommen, wie sie sind.

Es ist so wichtig, dass sich ein Kind wertvoll und glücklich fühlen darf. Und das wird es nur können, wenn es eben auch mal nicht nett sein darf.

Jesper Juul schreibt in seinem Buch „Aggression“: „Ein durchschnittliches Kind, das in einem sicheren und fürsorglichen Umfeld aufwächst, braucht eine ganze Kindheit experimentellen Lernens, um all seine aggressiven Gefühle zu integrieren, die destruktiven unter Kontrolle zu bekommen und sie von den konstruktiven zu unterscheiden.“

Es macht also keinen Sinn, diesen Lernprozess abzukürzen. Wir alle brauchen Aggressionen in unserer persönlichen Entwicklung. Es sind wichtige Emotionen, die wir nicht unterdrücken dürfen. Obwohl wir Eltern immer mal wieder den Traum von netten, gehorsamen, erfolgreichen, perfekten Kindern haben. Und klar freuen wir uns darüber, wenn Kinder glücklich sind. Aber das sind sie nur, wenn wir Eltern alle Gefühle zulassen und lernen, mit ihnen umzugehen.

Glückliche Eltern

Wie schaffen wir Eltern es, wirklich glücklich zu sein? Kann man das lernen? Ja, das können wir, aber es braucht Übung. Und bitte sagt mir jetzt nicht: „Blödsinn. Ich habe es probiert. Das kann ich nicht, das nützt doch nichts." Das ist DIE AUSREDE NR. 1 FÜR ALLES. Fürs Abnehmen, mit dem Rauchen aufhören, Lernen, für den Umgang mit den Kindern. Wer sagt, es nütze nichts, der bringt mir gerade den Beweis, dass vieles halt doch im Kopf entsteht.

Was speichern wir in unserem Gehirn ab? Mit welchen Gedanken befassen wir uns? Regen wir uns auf, weil die Kinder oft Blödsinn machen? Frühmorgens meist kichern wie blöd und in der Wohnung rumspringen? Weil sie sich gegenseitig und mich dazu immer ärgern? Da haben wirs schon. OFT, MEIST & IMMER machen die bestimmt nicht Blödsinn. Aber so kommt es uns vor. Und das erzählen wir dann oft noch weiter. Zum Beispiel unserem Partner, wenn dieser nach Hause kommt: „Ach, du glaubst ja gar nicht, wie blöd die heute wieder taten!" Oftmals merken wir Eltern es gar nicht, und unsere Gedanken kreisen sich nur noch um den Ärger.

Unser Gehirn kann vieles speichern, und dazu gehören auch Emotionen. Es merkt sich unsere Gefühle, und dies noch besonders gut! Und wir können unser Gehirn trainieren. Nun haben wir es in der Hand, was wir einüben wollen. Über was denke ich nach? Was bespreche ich in meiner Familie? Drehen sich unsere Themen um Lustiges, Gutes, Glückliches? Oder doch eher um Nerviges, Schreckliches und Trauriges? Klar scheint nicht jeden Tag die Sonne. Aber wir können uns daran erinnern ... sie wird nämlich bestimmt wieder zum Vorschein kommen.

Wir sollten aufhören mit dem Gejammer & Gemotze über all die schlimmen Sachen aus unserem Alltag oder der ganzen Welt. Wie gesagt, es braucht Training. Es kommt wirklich ganz darauf an, was ich in meinem Kopf ablege. Wenn wir uns darauf achten, nach Positivem für uns Ausschau zu halten, werden wir es auch finden. Es gibt so viele Glücksmomente, dass wir Eltern viele davon schlicht verpassen. Je mehr wir Schönes für uns suchen, desto mehr werden wir finden. Speichern wir diese Erinnerungen ab, denn dies führt in unserem Gehirn dazu, dass wir grundsätzlich glücklicher sind. Erzählen Sie doch Ihrer Familie von den erlebten Glücksmomenten, das steckt an!

Ich habe mich dazu entschieden, glücklich zu sein und hoffe, Sie auch!

Was Kinder statt Nachhilfe brauchen

Start ins neue Schuljahr

Nun ist es soweit. Nach den Sommerferien beginnt für viele Familien ein neuer und wertvoller Abschnitt im Leben. Viele Kinder kommen in den Kindergarten oder in die Schule, wechseln in eine neue Klasse oder Schulstufe. Was wird uns erwarten? Sicherlich eine spezielle und meist auch sehr berührende Zeit!

Und wie werden die Kinder zu Beginn darauf reagieren? Sie werden viel Neues lernen müssen. Dazu gehört auch, selbstständiger zu werden und sich von ihrer Bezugsperson eine Zeitlang zu trennen. Dies ist ein grosser Schritt und macht gerade am Anfang den wenigsten Kindern Spass. Die Eltern dürfen oder müssen sich daran gewöhnen, die Kinder loszulassen. Nun werden auch andere Personen im Leben unserer Kinder wichtig. Und das ist gut so!

Nun gilt es für viele, für laaaange Zeit mit unbekannten Kindern auf kleinen Stühlen im Kreis zu sitzen. Oder an Pulten. Neben fremden Kindern. Im besten Fall schafft man es, sich neben eine Freundin zu setzen, das gibt vielleicht schon ein bisschen so was wie Vertrauen.

Wir Eltern sollten anerkennen, was unsere Kinder gerade beim Eintritt in den Kindergarten oder dem Übertritt in die Schule leisten. Damit sie diesen Schritt gehen können, brauchen sie vor allem unser Vertrauen und Zeit. Mit der Zeit und durch die Übung kommt die Sicherheit, es zu schaffen. Jedes Kind reagiert unterschiedlich und ein gewisser Trennungsschmerz ist normal. Die meisten Kinder gewöhnen sich jedoch innerhalb weniger Wochen an das von den Eltern für eine bestimmte Zeit getrennt sein.

Beziehungsaufbau

Kinder sollten die Gelegenheit haben, in aller Ruhe Vertrauen zu einer neuen, unbekannten Bezugsperson zu schaffen. Erst mit der Zeit und durch gemachte Erfahrungen gelingt es dem Kind. Nur wenn es sich darauf verlassen kann, dass es einer neuen, andern Person auch vertrauen kann, ist es bereit, eine Beziehung aufzubauen. Dazu gehört auch, dass die Eltern der betreuenden Person vertrauen und sie anerkennen. Das ist nicht immer einfach.

Und wenn das Kind beim Abschied weint?

Haben Sie es gewusst? Kinder, die einfach Weinen dürfen, hören damit auf, sobald es ihnen wieder besser geht. Durchs Weinen können sie sich beruhigen und sich wieder ins Gleichgewicht bringen. Wenn ein Kind morgens sagt: „Ich will heute nicht in den Kindergarten!" Könnten Sie so reagieren: „Oh je. Du magst heute nicht? Kann ich gut verstehen. Ich will manchmal wirklich auch nicht zur Arbeit. Aber weißt du, was ich in dem Falle tue? Ich geh dann einfach trotzdem hin. Das wirst du auch tun. Und jetzt gehen wir." Sie lernen dem Kind dadurch, dass man seinen Gefühlen, Launen und Vorlieben nicht immer einfach so nachgeben darf. Dass es aber völlig ok ist, solche Gefühle zu haben.

Wir Eltern müssen lernen, die Gefühle unserer Kind auszuhalten und ernst zu nehmen. Den meisten Eltern fäll dies schwer, weil wir es selber als Kinder nicht gelernt haben.

Ein Kind darf von mir aus gesehen traurig sein, sich aufregen und auch weinen. Dies ist ja nichts Schlechtes. Es heisst auch nicht, dass das Kind sich nach der Trennung der Eltern an einem andern Ort wie im Kindergarten nicht wohlfühlen wird. Es ist einfach im Moment traurig, von den Eltern getrennt zu sein.

Wie können sich Eltern verhalten?

Die meisten Kinder brauchen einen klaren Rhythmus. Entwickeln Sie Ihre feste Routine! Wecken Sie die Kinder um die gleiche Zeit, aufstehen, anziehen, Frühstücken, Zähne putzen und sich fertig machen, (was Ruhiges spielen wenn noch Zeit), ev. Kuscheltier mitnehmen, Haus verlassen. Behalten Sie die Reihenfolge bei. Rechnen Sie genügend Zeit fürs Weggehen ein. Dadurch lässt sich viel Hektik und Streit am Morgen vermeiden. Besprechen Sie den Ablauf und bestimmen Sie, wie der Abschied gehen wird. Dies gibt dem Kind und auch Ihnen zu Beginn Sicherheit und Stabilität. Sie könnten die Schulsachen jeweils abends packen. Am Morgen noch die Pausen-Sachen auswählen, tschüss sagen und einen guten Tag wünschen.

Halten Sie sich daran und trennen Sie sich vom Kind, auch wenn es Ihnen schwer fällt. Dadurch kann es das Trennen lernen (und Sie auch). Schleichen Sie sich nicht heimlich davon. Halten Sie sich an ihr Wort, damit sich das Kind darauf verlassen kann. Erwähnen Sie bei kleinen Kindern jeweils am Morgen kurz denselben Ablauf, wohin Sie selber gehen und wann Sie wieder kommen. Versuchen Sie, die Zeit Ihrer Rückkehr mit etwas Bekanntem zu verbinden, ZB „Nach eurem Ausflug am Nachmittag werde ich dich abholen kommen. Darauf freue ich mich schon."

Beim nach Hause kommen empfehle ich, das Kind zu begrüssen und dann in Ruhe erst mal ankommen zu lassen. Seien Sie nachsichtig und führen Sie keine Interviews oder geben Anweisungen: „Wie war dein Tag? Was hast du gemacht? Hat es dir gefallen in der Schule? Bitte stell die Schuhe hin und wasch dir die Hände!" Meist erledigen dies Kinder nämlich von selbst nach ein paar Minuten. Stellen Sie sich vor, wie Sie sich fühlen, wenn Sie ein Tag weg von zu Hause sind und dann heimkommen! So geht es nämlich auch den Kindern.

Erzählen Sie doch stattdessen mal ein bisschen was von sich! Die Wahrscheinlichkeit ist gross, dass Kinder dann beginnen, selber von ihrem Tag zu erzählen. Sobald sie dazu von sich aus ohne Kommando der Eltern in der Lage sind, kommt die Erzählung auch viel entspannter und von Innen heraus daher. Vielleicht geschieht dies nicht gleich am ersten Tag. Haben Sie Geduld und freuen Sie sich darauf.

Offener Brief in die Schule

Liebe Lehrperson
Was wird wohl im neuen Schuljahr von Bedeutung sein? Wir Eltern sind gespannt ... Für manche von uns ist es neu und ungewohnt dass ein Kind jetzt zu Ihnen in den Unterricht kommt. Für andere Familien gehört die Schule seit Jahren dazu. Neben ihren Eltern werden die Lehrpersonen für die meisten Kinder nun eine Zeitlang die wichtigsten Erwachsenen in ihrem Leben.

Freuen sich die Kinder nach den Sommerferien wieder auf die Schule? Wann macht es denn eigentlich Spass? Oder ist es eher ein Müssen? Ich bin überzeugt, dass wir Erwachsenen uns alle viel mehr darum kümmern sollten, dass die Schule und das Lernen statt krank den Kindern Spass macht. Wir wissen heute aus der modernen Hirnforschung, dass sich Zuwendung und Beachtung auf unsere Motivation und Freude auswirkt. Ein Kind, welches sich anerkannt fühlt, lernt und leistet bestimmt mehr. Jenes, das immer wieder nicht beachtet oder gar ausgegrenzt wird, wird demotiviert. Dies kann zu Rückzug, Angst, Traurigkeit oder Aggression führen. Das muss nicht sein.

Für mich sind es immer die Verbindungen mit Menschen, die unserem Leben seinen Wert geben. Deshalb wünsche ich mir, dass Sie die Beziehung zu den Kindern bewusst gestalten.
Damit die Schule gelingt, braucht es heute in erster Linie einen guten Kontakt zwischen den Menschen.
Egal, ob dies in nun im Lehrplan steht oder nicht, für mich gehört eine gelungene Beziehung zwischen der Lehrperson und den einzelnen Schülern in Zukunft zum Kernprozess von Unterricht und Lernen.

Als ich vor über 20 Jahren mit dem Unterrichten von Kindern begann, habe ich überhaupt nicht darüber nachgedacht. Ich konzentrierte mich in erster Linie darauf, meine Lernziele zu vermitteln und mit den Kindern auf ansprechende Weise zu arbeiten. Ich fand es dabei wichtig, klare Regeln aufzustellen und diese auch durchzusetzen. Dabei habe ich mit den Schülern gehandelt um Punkte, Striche, zusätzlichen Arbeiten oder Belohnungen und dachte, dies wäre modern und sehr gerecht. Es ging oft darum, die Schüler zu bewerten. Die Arbeiten, die sie ausführten, zu verbessern und zu beurteilen. Es war für mich damals keine grosse Freude und für die Schüler sicher auch nicht. Dass wir schon damals versuchten, „die Eltern ins Boot zu holen“, sei nur so nebenbei bemerkt. Heute weiss ich, was falsch lief.

Damals spielte ich die Rolle der Lehrerin. Ich blieb unpersönlich und irgendwie kontaktlos. Ich wusste ziemlich genau, WIE meine Schüler waren. Ich musste sie ja beurteilen. Damals hatte ich aber keine Ahnung, WER die Kinder eigentlich waren und sie wussten wohl auch nicht viel von mir.

Heute ist für mich das Interesse an den Menschen, zu denen wir gehören, etwas vom Wichtigsten. Stellen Sie sich vor, wie wertvoll es ist, wenn sich jemand für Sie interessiert!

Kinder sind weit mehr als das, was Sie in der Schule bewerten. Deshalb wünsche ich mir, dass Sie sich für Ihre Schüler interessieren. Dies kann auf verschiedene Arten geschehen. Werden Sie selber persönlich und schlagen im Umgang mit den Schülern zusammen neue Wege ein! Die Anerkennung stärkt das Selbstwertgefühl der Kinder, und dies ist das beste Fundament für das Lernen.

Lassen Sie mich wissen, was Sie dabei mit Ihren Schülern erleben. Ich freue mich darauf!

Hilfe. Nachhilfe?

Welche Kinder haben Bock auf Nachhilfe? Mögen Jugendliche ständig rumdoktern und die eigenen Defizite ausbessern? Es genügt leider oftmals nicht mehr, dass Kinder und Jugendliche tagsüber in die Schule gehen und danach ihre Hausaufgaben machen.

Heute erhält jedes dritte Kind in der Schweiz eine spezielle Förderung. Es reicht nicht mehr, dass Kinder zu Hause und in der Schule weiterkommen, Neues entdecken, grösser, älter und gescheiter werden. Also brauchen sie Nachhilfe, damit der Schulstoff sitzt. Vor allem, damit sie ins Gymnasium kommen oder dort bleiben können?

Was wollen wir erreichen?
Ich frage mich, warum es uns Eltern nicht genügt, was unsere Kinder selber zu leisten vermögen. Welches Ziel wollen wir damit erreichen? Sollten es unsere Kinder einmal besser in ihrem Leben haben als wir? Ist eine gute Ausbildung so wichtig, weil es unsere Kinder sonst zu nichts bringen werden? Denken wir, dass gute Noten heute das A und O sind und nur die Besten der Besten einen Job finden werden? Dann heisst das für viele Kinder ganz klar, sehr viel zu büffeln und Nachhilfe in Anspruch zu nehmen. Alles zu geben, um bessere Noten zu schreiben, weil es scheinbar das ist, was zählt. Quasi ständig Überstunden zu machen. Und mit der Haltung und dem Druck, dass Defizite nicht sein dürfen, lassen wir die jungen Menschen, für die wir verantwortlich sind, erwachsen werden.

Wer über Jahre mit dem Gefühl aufwächst, nicht gut genug zu sein, kann kein gesundes Selbstwertgefühl entwickeln.

Wen sich ein Kind daran gewöhnt hat, dass ständig andere Personen da sind die helfen, erklären und Probleme lösen, wird es nie die Verantwortung über sich und sein Lernverhalten übernehmen. Wozu auch? Den Umgang mit den eigenen Fehlern, Unsicherheiten und Schwächen wird ganz klar trainiert und in den meisten Fällen optimiert. Aber was ist mit den Talenten, mit dem was ein Kind gut kann? Weiss es das überhaupt und kann dadurch ein realistisches Bild von sich selbst aufbauen? Wird es in seiner Einmaligkeit wahrgenommen und sieht überhaupt jemand, was es den ganzen Tag leistet?

Die Misere fängt doch schon ganz früh an. Wenn Eltern ihre Kinder in den ersten Klassen pushen und mit ihnen Hausaufgaben machen, als gäbe es nichts Wichtigeres auf dieser Welt. Und die Kinder ständig üben, üben und nochmals üben müssen. Schöner schreiben bitte! Schneller rechnen. Und im Kopf, nicht mit den Fingern. Und dann ... zieht es an. „In der 3. Klasse, da ist es nicht mehr lustig mit den Hausaufgaben!“ Beklagte sich kürzlich eine Mutter bei mir. Dasselbe höre ich immer wieder auch von Eltern mit Schülern aus der 4., 5., 6., 7., und 8. Klasse. Und so leiden sich die Kinder durch die obligatorische Schulzeit. Viele schaffen es so nur mit sehr viel Mühe, die weiteren Ausbildungen zu besuchen.

Was macht Sinn?
Kinder sollten doch die Welt mit ihren Augen erleben, entdecken und erforschen dürfen. Ich liebe es wenn ein Kind sagt: „Das interessiert mich so sehr! Darüber möchte ich noch ganz viel wissen!“ Leider kommt dies viel zu selten vor. Was läuft falsch? Kinder und Jugendliche müssen oft das lernen, was sie noch nicht können. Zu einem Zeitpunkt, wo sie andere Interessen haben oder noch nicht so weit sind.

Unsere Einstellung muss sich verändern. Und die Schule muss sich verändern. Die Schule hat ja viel erreicht, aber sie passt jetzt einfach nicht mehr. Es gibt heute Internet und die breite Allgemeinbildung ist schon alleine deshalb nicht mehr so wichtig. Wir brauchen Menschen, die Fragen stellen, kreativ sind und selber denken statt solche, die gehorsam Befehle ausführen.

Was brauchen Kinder statt Nachhilfe?
Sie brauchen ein gutes Lern-und Entwicklungsfeld mit empathischen Eltern und Lehrpersonen, die sich um ihre Beziehungskompetenz kümmern. Wir wissen heute, dass Lernen nur über Beziehungen funktioniert. Das heisst auch, dass jeder seine eigenen Grenzen kennen lernt. Dass in der Schule jeder wahre Gefühle und Worte äussern darf. Dass sich erwachsene Personen in der Schule für die Kinder interessieren und es schaffen, alle Kinder zu begleiten.

Jedes Kind sollte seine Potenziale kennen lernen und dabei erleben, dass es richtig ist und bei sich zu Hause wie auch in seiner Klasse geschätzt und gebraucht wird. Klar sollten Kinder auch lernen, Dinge zu tun, die sie nicht so sehr mögen. Und vielleicht braucht man da auch mal eine Extraportion Hilfe. Dies sollte aber nicht die Regel sein. Ich denke, dass wir heute wirklich eine neue Art von Schule brauchen, damit Lernen gelingt und die Kinder Herausforderungen im Leben annehmen können. Dann aber richtig und mit Elan. Selber, und doch nicht alleine. Viele Schulen sind schon auf dem guten Weg. Begleiten wir unsere Kinder dabei, aber bitte, wenn es geht ... ohne Nachhilfe.

Jedes Kind sollte seine Potenziale kennen lernen und dabei erleben, dass es richtig ist und bei sich zu Hause wie auch in seiner Klasse geschätzt und gebraucht wird.

Über das beste Fundament für das Lernen

Damit ein Kind lernen kann, braucht es in erster Linie einen guten Kontakt zu andern Menschen. Ist dies nicht der Fall, kann ein Kind nicht gut lernen. Wenn in der Schule die Lehrpersonen unpersönlich und dadurch kontaktlos bleiben, können sie zwar ihre Leistung beurteilen. Aber sie werden dadurch nie erfahren, wer die Kinder eigentlich sind.

Heute ist für mich das Interesse an den Menschen, zu denen wir gehören, etwas vom Wichtigsten. Stell dir vor, wie wertvoll es ist, wenn sich jemand für dich interessiert! Kinder sind doch bei weitem mehr als das, was in der Schule bewertet wird. Deshalb wünsche ich mir, dass sowohl die Eltern wie auch die Lehrpersonen persönlich werden und sich für die Kinder interessieren.

Es geht nicht darum, ein Kind für seine erbrachte Leistung zu loben, sondern die Kinder in erster Linie wahrzunehmen, ihnen zuzuhören und ihnen echtes Feedback zu geben, dass sie weiterbringt.

Dies braucht in der Schule wie auch zu Hause viel weniger Zeit als angenommen und bezahlt sich ganz bestimmt aus. Die Anerkennung, die ein Kind von uns kriegt, stärkt sein Selbstwertgefühl, und dies ist das beste Fundament für das Lernen.

Wer ist für das Lernen verantwortlich?
Meist tragen ja die Eltern die Verantwortung, wie und wann ein Kind lernt. So müssen Kinder ihre Schulaufgaben meist unter elterlicher Schlusskontrolle erledigen. „Hast du die Hausaufgaben gemacht? Zeig mal her! Hier und hier hat es noch Fehler." Es ist nichts dagegen einzuwenden, mit einem Kind zu lernen, seine Aufgaben anzusehen und zu korrigieren.

Aber leider lassen wir viele Kinder dabei mit der Haltung, das Defizite und Fehler gar nicht sein dürfen, aufwachsen.

Wie kann ein Kind die Verantwortung über sein Lernverhalten übernehmen? Wir Eltern könnten für Entspannung sorgen, wenn wir uns mit dem Kind hinsetzen und ihm dabei sagen: „Ab jetzt gebe ich dir die Verantwortung für deine Hausaufgaben zurück. Lass uns zusammen einen Weg finden, wie du sie selbstständig erledigen kannst. Was meinst du dazu?" Dadurch, dass die Kinder die echte Verantwortung über ihre Hausaufgaben zurück kriegen, kann sich auch ihre Motivation dazu verbessern.

Was bringt ein Kind weiter?
Klar wird man durch üben und pauken meist besser. „Na sieht du! Musst einfach mehr üben und dann werden die Noten von alleine besser." Das stimmt vielleicht schon, aber bringt das ein Kind tatsächlich weiter? Lernt man so, etwas selber anzupacken? Wir geben ihnen die Botschaft mit, dass man es im Leben mit guten Noten und der richtigen Ausbildung viel leichter hätte und es nur so schaffen könne. Dabei lügen wir sie doch ganz einfach an!

Geben wir unseren Kindern doch das Vertrauen und die Zuversicht, welche sie von uns so sehr benötigen. Die Kinder geben nämlich ihr Bestes, um zu dem Menschen zu werden, der sie gerne sein möchten.

Viel zu gefährlich?

Hilfe. Der Junge will plötzlich mehr. Nicht nur mit seinem Trottinett den autofreien Weg hin- und her fahren. Nein. Er will jetzt zum Skatepark. Sein Gefährt heisst nun plötzlich Kickboard. Damit will er Rampen rauf und runter sausen und halsbrecherische Jumps üben, oh je! Mit grossen Augen steht die Mutter sprachlos da und stellt fest, dass ihr Kind aufs Mal sehr schnell nicht mehr so klein ist. Geschah das über Nacht? Der Junge hat plötzlich Sachen vor, die der Mutter nie im Leben in den Sinn gekommen wären.

Sie weiss gerade nicht, was sie dazu sagen soll. Wie kam ihr Kind überhaupt auf so eine haarsträubende Idee? Soll sie schnell die Sache verbieten? Das ist doch viel zu gefährlich! Klar trägt ihr Kind Helm und sämtliche möglichen Schoner. Trotzdem, an schlimme Verletzungen darf sie gar nicht denken.

„Mut tut gut", sagt sie sich. Schliesslich drohen früher oder später allen Menschen irgendwelche Gefahren, oder nicht? Aus eigener Erfahrung weiss sie dies ganz genau. Aber soll sie deswegen ihrem Kind das Rampenfahren verbieten?

Wir sollten doch unsere Kinder nicht immer vor allem beschützen. Es macht weder Spass noch Sinn, ihnen alle Steine aus dem Weg zu räumen. Sinnvollerweise konfrontieren wir unsere Kinder aber mit unseren Gedanken. Die Mutter könnte dem Kind sagen: „Ach wirklich? Das traust du dir zu? Das macht mir gerade Angst. Lass mir noch etwas Zeit um mir die Sache zu überlegen und dann sprechen wir in Ruhe darüber." Danach könnte sie sich mit dem Kind unterhalten, sich seine Beweggründe und Faszination anhören und dann entscheiden, ob das Kind dies tun nun darf oder nicht. Das ist echte Anerkennung und tausendmal wertvoller als das Kind für seine vollbrachten Glanzleistungen zu loben. Wie die Entscheidung dann im Moment auch ausfällt, spielt gar nicht so eine grosse Rolle. Es geht vor allem darum, das Kind mit seinen Anliegen ernst zu nehmen.

Die Mutter sagte JA. So fuhren sie eines Tages zusammen ausgerüstet mit Trottinett respektive Kickboard, Helm, und allen möglichen Schonern zum Skatepark. Der Junge hat sich die Sache angesehen, war völlig fasziniert von den grossen Jungs, die da rumfuhren und es wirklich drauf hatten.

Mancher Sturz tat der Mutter beim Zugucken weh und sie konnte am Anfang fast nicht hinsehen. Klar hatte sie Angst, dass ihrem Kind, welches ihr plötzlich wieder so klein erschien, etwas Schlimmes passieren könnte. Aber der Sohn wollte das wirklich und sie traue es ihm zu.

Das Gefühl, etwas zu wagen und selber auszuprobieren, den Kick zu erleben und dabei Fortschritte zu machen kann für ein Kind sehr wertvoll sein.

Der Junge brauchte all seinen Mut. Das Hinfallen gehörte zum Programm und mancher Sturz tat sicherlich weh. Aber es machte ihn wohl einfach glücklich! Und das war schön, ihm dies zu ermöglichen.

Sag mir, wenn du Hilfe brauchst

Damit es ruckzuck geht: „Komm, lass mich das tun!“ Oder: „Du kannst das doch! Lass mich dir kurz erklären/helfen.“ Ich bin überzeugt, die Kinder hassen das. Und fühlen sich dadurch dumm: „Ich kann es nicht. Die Mutter sagt, ich könne es, aber dann tut sie es trotzdem selber für mich.“ Was soll ein Kind davon halten? Gerade autonome Kinder kämpfen schon vor der Pubertät stark dafür, ihre Sachen selber in die Hand zu nehmen. Und das klappt natürlich nicht immer gut. Wir Eltern sollten uns nicht aufdrängen und tun es doch immer wieder. Auch sehr selbstständige Kinder brauchen uns. Am liebsten sind ihnen unsere Angebote jedoch als Buffet präsentiert, wo sie selber entscheiden können, was und wann sie etwas nehmen wollen. Meist geschieht dies dann vielleicht halt etwas später als wir es erwarten. Es ist ein gutes Gefühl, wenn ein Kind sich dann selber für eines unserer (immer wieder gemachten) Angebote entscheidet. „Mami, jetzt könntest du mir ... zeigen.“ Ja! Dann passt es. Dann geht’s auch meist schnell. Weil das Kind bereit ist. Weil es dann selber will.

Wir Eltern sollten im Umgang mit unseren Lieben wenn nötig aber auch mal Widerstand geben. Wie im Sport ist es für Kinder enorm wichtig, eine Bezugsperson quasi als Trainingspartner zu haben, um dadurch weiter zu kommen. So lernen sie viel Nötiges fürs Leben. Zum Beispiel Gefühle, die sie haben, auch zu zeigen und authentisch zu sein. Ich selber mochte aufgedrängte Hilfe von Erwachsenen noch nie. Deshalb bevorzuge ich meist das Angebot: „Sag mir, wenn du Hilfe brauchst.“

Kinder können das Meiste eigentlich selbst, doch nicht allein. Sie brauchen unser Dabeisein und liebevolle Fürsorge. Einen Rat und manchmal Hilfe benötigen sie auch, am besten jedoch als Angebot.

Anerkennen, was unsere Kinder täglich lernen

WAHNSINN. Kinder lernen eigentlich immerzu. Und wir Eltern merken es nicht. Sie sollten in unseren Augen endlich selbstständig werden, Hausaufgaben machen, gute Noten schreiben ... Und dabei lernen die Kinder währenddessen ganz vieles, das für ihre Entwicklung notwendig ist. Dabei geht so einiges an uns vorbei, ohne dass wir es überhaupt bemerken. Wir Eltern kriegen ja viel eher mit, wenn ein Kind etwas NICHT kann. Und was tun wir da? Wir konzentrieren uns sofort auf die Schwäche. „Das muss das Kind doch jetzt können!" Und trainieren manchmal mit dem Kind wie blöd, damit "der Zug nicht abfährt", damit die Noten nicht noch schlechter werden, damit es das Kind es einmal leichter hat im Leben. Und glücklicher wird, denken wir.

Was kann ich denn jetzt tun? Wenn wir irgendwie nicht so recht weiterkommen, dann hilft mir die folgende Übung: Ich stelle mir vor, dass das Kind von einem fremden Planeten oder Land zu uns kam. Das Kind kennt weder unsere Sprache noch die Art, wie man hier so lebt. Und meine Aufgabe in unserer Familie ist es nun (und dies immer wieder), dem Kind all das zu zeigen, was mir wichtig und nötig erscheint, damit es sich wohl fühlt und klar kommt. Und damit die andern es mit diesem Kind auch aushalten. Und so lernt mein Kind mit der Zeit ganz vieles von selbst, durch zuschauen, nachmachen, mit uns durchs Leben gehen, durch selber ausprobieren und mit Training. Nichts klappt einfach so auf Anhieb, alles Neue braucht viel Übung, das ist klar. Und da können wir unsere Kinder unterstützen und Ihre gemachen Anstrengungen anerkennen.

Es ist für mich nämlich überhaupt nicht selbstverständlich, dass ein Kind immer in die Schule geht. Sagen Sie Ihrem Kind hin und wieder etwas in dieser Art: "Du gehst Tag für Tag in die Schule. Ich schätze dies sehr. Ich kann mir gut vorstellen, dass dir auch nicht immer danach ist und es vielleicht nicht einfach für dich ist. Ich mochte früher auch nicht immer gerne hingegen. Also, ich danke dir dafür."

Wir Erwachsenen können uns ja viel eher auswählen, mit wem wir arbeiten. Wir können uns meist für unsere eigenen Anliegen einsetzen und dafür sorgen, dass wir in einem Team arbeiten, wo wir uns wohl fühlen. Wenn wir wollen, kündigen wir unseren Job und suchen einen neuen. Das können Kinder in der Schule nicht!

Oftmals verpassen wir die Momente, in denen unsere Kinder lernen. Weiterkommen. Aha-Momente haben. Achten wir uns doch ein bisschen mehr darauf! Dies können wahre Glücksmomente sein. Wenn uns Kinder etwas zeigen oder erklären möchten. Hören Sie dann ihre Geschichte bis zum Ende? Oder stellen Sie schon Fragen, bilden sich vorschnell eine Meinung oder kürzen ab, indem Sie sagen, dass Sie nun wirklich Mittagessen kochen müssen?

Auch wenn es nicht immer genau das ist, was wir uns wünschen ... Wir Eltern sollten anerkennen, was unsere Kinder tagtäglich lernen.

Ein gutes Zeugnis

Zum Ende des Schuljahres gibt es in den meisten öffentlichen Schulen der Schweiz nicht mehr ein Zeugnis sondern eine Bewertung. Und dies nicht in Form von Noten. Die folgen erst später, zuerst erhalten die Kinder Kreuze. Die stehen dann also im Zeugnis - eh nein, ich bitte um Entschuldigung! In der Dokumentenmappe auf sogenannten Bewertungsblättern.

Die Eltern erfahren manchmal erst am Mittag des letzten Schultages, wie das eigene Kind von der Lehrperson bewertet wurde. Oder sagt man nun vom Lehrkörper? Das Schulkind hat seine eigene Bewertung bis dahin oftmals auch noch nicht zu Gesicht bekommen. So bleibt die Beurteilung wenigstens echt spannend bis in die Ferien! Und dann liegt es ganz an den Eltern, sich die Sache mit seinem Kind anzusehen. Wir müssen ihm dann erklären, was sie eigentlich bedeuten, diese Wörter der Beurteilung.
Was heisst denn eigentlich UNBEFRIEDIGEND?

Und dann fragen die lieben Verwandten und Bekannten vielleicht: „Hast du dein Zeugnis bekommen? Was steht darin?“ Kürzlich hörte ich ein Kind aus der ersten Klasse zu seinem Grossvater sagen: „Ich bin gut. Weißt du, bei uns gibt es in der Beurteilung SUPER, ÜBERTROFFEN UND GUT. Und noch etwas, wie heisst das, ich weiss es nicht mehr... Ach ja, da kommt es mir wieder in den Sinn: VERGNÜGEND!“

Wir hätten dann also bei einer Beurteilung die folgenden Begriffe zur Wahl:

SUPER, ÜBERTROFFEN, GUT und VERGNÜGEND.

Ein solches Zeugnis fände ich echt ...
vergnügend.

Sollte aufräumen!

Welcher Typ sind Sie?

Es gibt doch diese Spiele, die mit einer Ausgangsfrage beginnen, man sich anschliessend diverse Fragen selber stellt und zum Schluss eine Antwort kriegt. Eine, die vielleicht das eigene Leben verändert wird!

Dies zumindest glaubte ich früher als kleines Mädchen, wenn ich mit meinem schon zum hundertsten Mal zusammen gefalteten A4-Blatt das „Wen liebst du?" oder „Wie alt fühlst du dich?" Spiel spielte. Glücklich habe ich mich dabei gefühlt, wenn ich ein Blatt mit diesen Fragen von jemandem aus der Klasse erhielt. Meist von einem Kind, dessen Eltern im Büro eine solche Kopie machen konnten. Manchmal haben wir die Fragen auch von Hand abschreiben müssen ... Und wenn dann nicht die erhoffte Antwort dabei herauskam? Dann spielten wir das Spiel so lange mit verschiedenen Antworten, bis es stimmte. „Er liebt dich!" Super.

Heute ist es viel einfacher. Mit Internet und via facebook kommt man im Nu zu diversen solchen Spielen und beantwortet sind diese Fragen auch viel schneller. Das Resultat mag zwar meist erstaunen. „Was? Ich soll ein Lila-Typ sein?" Aber viele machen gern mit und schreiben anschliessend ihren Freunden, welche Antwort dabei heraus kam. Hurra! Ich bin laut dem Test 24 Jahre jung! Herrlich, nicht? Manchmal brauchen Eltern glaub so was. Wo man weder denken noch diskutieren muss, wo kein Kind die Regeln bestimmt, wo weder Milch noch Sirup übers Spielbrett gegossen wird, wo wir uns schlicht nicht anstrengen müssen und zum Schluss einfach schmunzeln können.

Kürzlich sass ich beim Kaffee am Bahnhof und wartete auf den Zug. Da lief draussen ein Mann umher, auf seinen Schultern ein Gestell, hoch oben auf seinem Kopf ein riesen Schild mit einer Aufschrift. Da stand in grossen Buchstaben: „Welcher Glasfaser-Typ sind Sie?“ DAS ist doch mal eine völlig andere Frage.

„Welcher Glasfaser-Typ sind Sie?“
Das habe ich mich echt noch nie gefragt. Sie vielleicht?

Gut erklärt

Bis heute dachte ich, Kindern Sachen gut erklären zu können. Dies wurde jedoch kürzlich während unserem Mittagessen wiederlegt. "Spaghetti sind in der Suppe!" sagte mein Kind. Es gibt Suppe, Brot und rohes Gemüse. "Du Mami, von wo kommen diese Spaghetti?" will das Kind wissen. „Wo wachsen die?“

"Sie wurden von Menschen selbst gemacht", sage ich und merke dabei, dass ich gerade lüge. Wohlwissend, dass die Teigwaren in der Suppe sicherlich von einer Maschine hergestellt wurden. "Und die wurden aus Mehl, Eiern und Wasser hergestellt. Und das Mehl wurde aus Korn gemacht", erläutere ich weiter.

"Was ist Korn?" will das Kind wissen. "Korn wächst auf dem Feld, wie das Gras", sage ich. "Ich weiss!" ruft das Kind. Freudig, wissend, mit einem Lächeln im Gesicht. "Das Korn kommt von der Kuh!"

Ok, wir arbeiten noch daran, versprochen.

Gewonnen

Na das finde ich doch jetzt der Hammer. Eben erhielt ich ein Mail. Darin stand folgendes:

Herzlichen Glückwunsch,
Wie feiern wir unsere Reise 10 Jahre von Internet und globale Kommunikation. Wir freuen uns, Ihnen mitzuteilen, dass Ihr Facebook-Konto haben in der 2013 zufällig als Begünstigter von $ 1.000.000,00 USD ausgewählt Facebook Account des Jahres ®-Gewinner {} Großen.

Mailen Sie uns die Details unten:
1) Facebook-Benutzername:
2) Vorlage von Land:
3) Anzahl Won: $ 1.000.000,00 USD

Und dies erhielt ich samt ein paar Links von Eduardo. Das sei, steht auch geschrieben, der Programm-Koordinator Facebook-Prämienprogramm höchstpersönlich. Danke, Eduardo, danke. Dass ausgerechnet ich ... hä, was? Facebook Account des Jahres Gewinner? Wie auch immer, irgendwie scheine ich, respektive mein Konto, gewonnen zu haben. ICH HABE GEWONNEN! Wie bin ich doch happy, endlich wurde ICH auserwählt, ach wie schön ist das denn. Unsere Zukunft ist gesichert. Ich lade euch alle ein um dies zu feiern ... oder doch nicht? Ich weiss es noch gar nicht so recht, ich glaub, mein Glück erst selber und dann sicherlich mit meiner Familie geniessen zu müssen. Mit 1.000.000 USD lässt es sich doch sicherlich gut leben. Ok, dann tippe ich doch jetzt nur noch schnell meine gewünschten Daten rein und sende das Mail retour, oder?

Wohl eher doch nicht. Liebe Eltern, dieses Mail von Eduardo oder wem auch immer ist Quatsch. Auch wenn es uns meist klar ist, dass solche Schreiben weder echt noch für sonst was sind und die ignorieren oder löschen … aufgepasst! Sprecht mit euren Kindern hin und wieder auch über solchen Blödsinn, den es im Internet leider gibt. Und jetzt bin ich halt doch noch ein bisschen traurig. Ja, dann ist es halt so. Geld macht ja nicht glücklich, oder?

Cheeseburger

Ferien. Österreich. Schnee. Skischule. Mittag. Hunger. Die Familie beschliesst, im Restaurant auf der Skipiste was zu Essen. Am letzten Tag vor der Abreise, alle freuen sich darauf. „Wisst ihr schon, was ihr essen wollt?“ fragt die Mutter in die Runde. Der Vater nickt, die Tochter sagt: „Cheeseburger! “

Der Sohn überlegt es sich noch und die Mutter nimmt während dessen die Karte zur Hand. "Ich möchte einen Cheeseburger,“ sagt das kleine Mädchen. „Das ist doch der mit Käse drin?" Der Vater nickt. „Gut“, sagt die Tochter, „ich nehme den Cheeseburger.“ Die Mutter beginnt, die Karte vorzulesen, den schliesslich ist die Auswahl gross: „Also, hört ... es gibt hier: Kaiserschmarrn, Chicken Nuggets mit Pommes, Kinder Wiener Schnitzel mit Pommes, Kinderhamburger mit Pommes, Frankfurter Würstl mit Pommes, Kinder Spaghetti Bolognese und Kinder Pommes Frites. Nach was ist euch?“ Die Mutter schaut fragend in die Runde und die Tochter sagt:

„Das, was ich jetzt schon DREI MAL gesagt habe:
CHEESBURGER!“

Voll im Zeitplan

Mittwochmorgen, die Kuh auf der grossen Uhr im Kinderzimmer muht. Das macht sie immer um acht Uhr. Zeit, sich fertig zu machen. Mein Grosser zieht sich die Leuchtweste der Schule über und macht sich auf den Weg. Bis jetzt läuft unser Familienalltag so, wie er sollte. Keine ungeplanten Zwischen- oder Notfälle, voll im Zeitplan.

So laufen wir zu Hause gebliebenen noch ein wenig durch die Wohnung, versorgen ein paar Spielsachen und wirbeln den Staub auf. Noch ein Bilderbuch und dann zum Einkaufen. Bis jetzt: voll im Zeitplan.

Meine Kleine und ich vergleichen im Laden die Farben der Früchte und wählen gutes Gemüse. Zum Schluss besichtigen wir noch ein bisschen die Spielwaren. Dann folgt der Reality-Check an meinem Handgelenk. Wir müssen los. Auf der Heimfahrt sehe ich es, meine Uhr geht nach. Oh Schreck! Wie lange wohl schon? Es reicht gerade noch, vor meinem Sohn zu Hause zu sein. Natürlich ist er zu spät in die Schule gekommen.

Donnerstagmorgen, acht Uhr. Nun, das sollte uns nicht mehr passieren ... Ich habe mir eine rosa Uhr von meiner Tochter ausgeliehen. Jetzt hab ich die Zeit wieder im Griff!

Freitagmorgen, acht Uhr. Alles läuft gut. Keine ungeplanten Zwischen- oder Notfälle, voll im Zeitplan. Kurz darauf ist mein Sohn wieder zu Hause und sagt: „Mami, ich war heute sehr pünktlich! Nur der Hauswart war vor mir da. Er sagte, wir hätten heute alle frei. Die Brücke, sagt man dem.“

DIE BRÜCKE ... hatte ich völlig vergessen.

Aber im Zeitplan wären wir gewesen.

Frisches Brot

Wir wissen es alle. Mit Kindern kommt vieles anders. Zum Beispiel das Essen in den Skiferien. Ich habe es mir so vorgestellt, dass wir zusammen in der Ferienwohnung essen. Oder auch mal Auswärts. Auf die Pommes Frites freuten sich die Kinder, das gibt es bei uns zu Hause eigentlich nie. Und mir lief das Wasser im Mund zusammen, wenn ich daran dachte, zum Frühstück in frisches Brot zu beissen, welches dieses Jahr vom Bäcker frühmorgens direkt vor die Haustüre geliefert würde. Wir bestellten Laugenbaguette, kleine Brötchen und Brezeln und freuten uns sehr auf das nächste Frühstück.

Nun, Kinder werden manchmal krank. Unsere in den Skiferien. Und zwar so krank, dass wir statt die Skischule den Arzt besuchen, uns bald einmal die Kleider und Putztücher ausgingen und keine Mahlzeit mehr so war, wie ich mir das vorgestellt hatte. Magen-Darm-Grippe. Den Rest behalte ich für mich ... im Gegensatz zu unseren Kindern.

Das Beste passierte uns dann aber Mitte Woche. Der Situation angepasst bestellten wir am Vortag kein Brot mehr. Zum Glück mochten heute Morgen alle wieder richtig essen! Und so nahmen wir halt was wir hatten. PUMPERNICKEL. Das wohl trockenste Brot, dass sich noch Brot nennen darf. Darf es das? Auf alle Fälle ist es neben Knäckebrot und Schwedenbrötchen an Trockenheit kaum zu überbieten. Der Genuss hielt sich wirklich in Grenzen.

Und dann, als wir aus der Wohnung traten, stolperte ich doch tatsächlich über eine grosse, weisse, gefüllte Tüte. Vom Bäcker. Und was war drin? Frisches Laugenbaguette, kleine Brötchen & Brezeln!

Warten vor den Toiletten

Draussen regnete es in Strömen. Deshalb drinnen viele Leute gross und klein, im Trockenen und an die Wärme. So wie wir kürzlich in den tropischen Hallen bei den Schmetterlingen. Der Andrang bei den Toiletten war dann auch dementsprechend gross. Während ich mit einem Kind auf ein freies WC wartete, hörte ich die folgenden Aussagen aus den einzelnen Toiletten:

- „Mach schon! Papa hat doch gesagt, du müssest auf die Toilette. Wieso musst du jetzt mit Mama nicht mehr? Na los schon, vorwärts!“
- „Setzt dich hin. Nicht auf die Hose pinkeln! So ist brav. Und jetzt putzen.“
- „Wenn du noch einmal in die Hose machst, musst du wieder Windeln tragen. Ich mag keine Hosen mehr putzen. Ich habe es so satt.“
- „Mach bsssss. Dann kommt es. Bsssss bsssssss bsssss!“
- „Du musst einfach mehr trinken! Dann geht das ganz von alleine.“
- „Kannst du nicht ein bisschen schneller machen? Draussen warten ganz viele Leute, die wollen alle auch noch rein!“
- „Guck mal, die Toilette spült sich mit Regenwasser. Das finde ich interessant. Wenn du sitzen bleibst, spült die plötzlich ganz von alleine. Willst du es mal ausprobieren?“
- „Was denkst du, welche Tür wird sich als erste öffnen?“

Erstaunlich, was Eltern zu ihren Kindern auf der Toilette so sagen, nicht? Eigentlich könnte man doch darauf verzichten und die Kinder in Ruhe machen lassen, was sie halt einfach machen müssen! Ich habe mir auf alle Fälle daraufhin fest vorgenommen, auf öffentlichen Toiletten in Zukunft besser zu schweigen. Wobei ... die 2 letzten Aussagen fand ich ganz nett. Die Frage mit der Tür als Spiel mit Kindern find ich eine echt gute Idee. So als Zeitvertrieb beim nächsten Mal warten auf eine freie Toilette.

Prinzessinnen-Törtchen

Da blieb mir doch buchstäblich das Törtchen ein bisschen im Hals kleben. Respektive das kleine Teilchen davon, das man mir netterweise noch übergelassen hat. Und das ging so ...

Wiedermal im Laden mit den vier gelben Buchstaben auf blauem Grund. Was tut man dort nach der Kasse? Man schlendert durch die Lebensmittel. Nach dem man NICHTS GEKAUFT HAT. Weder Servietten noch WC Bürste, auch kein Geschenkpapier hab ich gekauft. Unglaublich. Und dann lief ich eben doch noch durch die Abteilung mit den Esswaren. Weil es dort in den Tiefkühlschränken lauter komischer Sachen mit lustigen Namen hat. Die muss ich mir einfach ansehen. So versuche ich schwedisch zu lesen. Na gut. Wir kauften gefrorenen Lachs, Saucen und was Süsses. Auf Wunsch der Kinder: Bakelse Prinzess. Die Prinzessinnen-Törtchen. Sie sind sehr, sehr rosa. Sehr süss und daher machen die sicherlich sehr... na ihr wisst schon. Man muss ja auch nicht selber gleich alle 4 aufessen.

Wieder zu Hause, die Törtchen aufgetaut und auf dem Tisch. Da sagt ein Kind: "Du Mami. Die sind soooo gut! Also, dieser Überzug. Das ist doch genau derselbe, den du auf deine Cupcakes machst? Ich finde, dieser hier ist aber viel besser!"

Was gebe ich mir da stundenlang Mühe mit diesen doofen Cupcakes? Wer kam überhaupt auf die Idee, dies zu tun? Na ja, mir macht es halt Freude, es ist ein bisschen wie „Knetmasse für Grosse“. Aber wenn ich es mir überlege ... meist muss es bei mir in der Küche schnell gehen. Den kleinen Prinzen und Prinzessinnen ist es doch völlig egal, wie lange ihre Eltern in der Küche standen. Deshalb sag ich danke, liebe Schlampenküche! Heute gibts von mir 100 Punkte für die Prinzessinnen-Törtchen aus der IKEA.

Quer durchs Jahr

Heute bin ich

Was für ein Tag! Nach all dem Ärger, der das Leben manchmal so mit sich bringt und von dem ich euch alle lieber verschonen möchte ... Heute, also Heute bin ich ganz gut drauf. Die Sonne scheint am wolkenlosen blauen Himmel, der Frühling scheint sich bereit zu machen. Nach den langen trüben Wintertagen (ohne Schnee) fühlt sich das sehr gut an.

Ruhig und gelassen bereite ich das Frühstück vor ... Das ist schon mal nicht selbstverständlich. Die Kinder lachen, alles wunderbar. Noch spielen sie friedlich zusammen und plötzlich kippt die Stimmung im Nullkommanichts. Bevor wir Eltern wissen, was uns geschieht, gibt es Streit. Ein riesen Geschrei. Tränen. Die Kinder sind wütend. Vielleicht auch traurig. Oder beides.

Ich halte mich zuerst mal ein bisschen zurück. Vieles lösen die Kinder, wenn ich abwarte, selber auf ihre Weise und es braucht mich nicht dazu. Aber danach spreche ich gerne mit Ihnen über ihre erlebten Gefühle und Stimmungen. „Als ihr Streit hattet, wie habt ihr euch dabei gefühlt?" Diese Frage ist ja gar nicht so leicht zu beantworten.

Wie heisst es denn, wenn man sich nicht gut fühlt? Wenn sich der Bauch zusammen zieht oder sich die Stirn runzelt, die Stimme laut wird oder man weinen muss? Ist man da zornig, böse, oder betrübt? Und wenn man sich wieder gut fühlt, wie sagt man diesen Gefühlen?

Es tut Kindern gut zu merken, dass es ok ist, diese Gefühle zu erleben. Dass es angenehme Gefühle gibt, aber dass eben auch andere dazugehören. Emotionen, die man lieber schnell wieder loswerden möchte. Wir Menschen werden viele Gefühle im Laufe unseres Lebens erleben. Es ist gut, wenn Kinder einige bereits kennen lernen dürfen und dabei merken, dass

Emotionen auch wieder vorübergehen. Und wir Eltern lernen dabei, mit den Gefühlen der Kinder umzugehen. Wie gesagt, sie gehen wieder vorbei. Und was wollte ich noch sagen? Heute, also heute bin ich ... sehr glücklich.

Ich will ein Eis!

Endlich kommt die Sonne zwischendurch ein bisschen zum Vorschein. Die Kinder haben Ferien und man möchte baden gehen. Du packst ein Picknick ein und freust dich auf den Nachmittag mit den Kindern im Freibad. Zu Hause erklärst du deinen Lieben, dass es dort weder Eis noch Pommes gibt. „Wir werden heute nichts kaufen." Die Kinder nicken verständnisvoll. Sie freuen sich auf das Picknick und vor allem auf die Abkühlung im Wasser.

Aber dann sagt dein Kind im Bad plötzlich laut und deutlich und vor Publikum zu dir: „Ich will ein Eis! Und Früchte ess' ich nicht!" Du schaust das Kind an. Die Eisverkäuferin schaut dich an. Das Kind wird lauter: „Ich will ein Eis. Bitte, Mami, bitte!" Sämtliche Eltern und Kinder rundherum richten ihre Augen auf dich, oder zumindest kommt es dir so vor. Und das Kind hört nicht auf mit bitten und betteln.

Wie wirst du darauf reagieren?

1. Ok! Früchte mag ich eigentlich auch nicht so besonders. Welches Eis hättest du denn gern?

2. Nein. Du kriegst jetzt kein Eis. Aber ich weiss, dass du gern eines hättest. Welche Früchte magst du eigentlich am allerwenigsten?

3. Das sagst du jetzt sicher nur, um mich zu ärgern! Du weißt doch ganz genau, dass es um diese Zeit nie ein Eis gibt. Und sowieso isst du jetzt zuerst deine Früchte.

4. Das habe ich jetzt nicht gehört!

Ich bin heute für die 2. Antwort. Damit ist dem Kind sehr schnell klar, dass ich bei meinem Vorsatz bleibe, dem Kind kein Eis zu kaufen. Obwohl es grundsätzlich nicht falsch ist, ein Eis zu wollen. Wer bestimmt denn, zu welcher Zeit man Lust auf ein Eis haben soll? Aber es ist leider so, wir können nicht immer nach Lust & Laune leben und essen.

Die Sache mit dem Obst finde ich ja sehr spannend. Bestimmt gibt es dabei Früchte, die das Kind mag. Aber sicher nicht, wenn es eigentlich gerade Lust auf ein Eis hätte, da habe ich volles Verständnis. Denn eine Frucht ist schliesslich kein Eis. Die Kinderwünsche nicht zu erfüllen, Nein zu sagen und dabei zu bleiben ist für die meisten Eltern nicht einfach. Aber letztendlich ist es enorm wichtig, dass wir es dennoch tun und die Verantwortung übernehmen. Dass wir Entscheide treffen und eine ungefähre Vorstellung haben, was sinnvoll ist und was nicht. Und für Kinder es ist wichtig zu lernen, mit einem Nein umgehen zu können.

Wir Eltern müssen es dann einfach ein bisschen aushalten und dem Kind die nötige Zeit lassen, um das NEIN zu verdauen. Sonst nichts! Es muss uns ja nicht freudig umarmen, dabei lächeln und Verständnis für unser NEIN haben. Denn es ist doch einfach so! Manchmal im Leben ist man unzufrieden, dies gehört dazu. Solange man sich von seiner Familie aber ernst genommen fühlt, ist es nur halb so schlimm.

Und welche Früchte magst du am allerwenigsten?

Endlich ist der Sommer vorbei

Irgendwie war dieser Sommer nicht das, wonach wir uns im Winter sehnten. Damals, als es bei uns zwar kalt aber ohne die schönen weissen Flocken war. Die Schlitten der Kinder wurden mangels Schnee nie gebraucht. Gerade einmal schafften wir es, im Garten so was wie einen Minischneemann zu bauen, welcher aber schon beim Bauen wieder weggeschmolzen war.

Im Winter freue ich mich jeweils auf den Sommer, der irgendwann dann mal kommt, auf die wärmende Sonne. Aufs Draussen ohne Jacke spielen mit den Kindern. Auf Sonnencreme statt dicken Häkelmützen. (JA ICH FREUTE MICH ECHT AUF SONNENCREME!) Ich sehnte mich nach meiner Sonnenbrille, dem Badekleid, meinen Sandalen und kurzen Hosen. Ich war es leid, die vielen Schichten anzuziehen und den Kindern bereitzulegen. Und ... meine Wünsche wurden erhöht. Der Sommer kam. Aber leider nicht sehr lange. Statt den kurzen Hosen war die Standart-Ausgeh-Kleidung meiner Kinder Gummistiefel & Regenjacken. „Mami, was soll ich anziehen?" Ich darauf mit einem kurzen Blick nach Draussen und einem zweiten zur Sicherheit auf mein Wetter-App im iPhone: „Gummistiefel, bitte!"

Nun. Unsere Badetücher und Taucherbrillen bleiben bis zum letzten möglichen Tag im Freibad in der Kabine hängen und wartet auf uns. Da blieb ich knallhart und gab nicht auf. Wer weiss, vielleicht gibt doch noch eine Möglichkeit, draussen mal ein paar Längen zu schwimmen ohne festzufrieren? Die Hoffnung sollte ja zuletzt sterben. Aber heute morgen habe ich mir gedacht, dass ich die Sache mit diesem elenden Sommer nun wohl doch anders angehen muss. Definitiv. Da hilft nun auch kein Sarkasmus mehr. „Ich warte auf den Schnee." Kein Gejammer mit andern Eltern. „Das Wetter ist zum Heulen." Kein sich gut zureden. „Das wird sicher ein sehr schöner

Herbst stattdessen!“ Da hilft wirklich nur noch ein krasses Umdenken. Radikal.

Also werde ich das folgende in diesem Restsommer tun:

- Eigene Gummistiefel holen.
- Regentaugliche Kopfbedeckung mit Innenfutter organisieren.
- Stirnband bereitlegen. Die Haare im Gesicht bei Wind und Regen hasse ich.
- Türvorleger aus dem Keller holen.
- Weihnachtsguetzli backen
- Schokolade. Viel Schokolade. Essen oder trinken. Heiss.
- Fondue & Raclette servieren.
- Geschenke mit den Kindern basteln.

Und vielleicht hänge ich dann gleich noch die Weihnachtsbeleuchtung auf. Oh du Fröhliche!

Heute schon gelacht?

Es war im Herbst. Wir waren Wild essen und verhielten uns sehr ruhig. Dies hat bei uns Tradition. Nicht, dass wir uns ruhig verhalten, nein nein. Das Wildessen, meine ich. Jeder isst, was er will, darum geht es auch gar nicht. Wir geniessen es, uns einmal im Jahr wieder zu sehen und zusammen zu reden. Den Termin haben wir alle lange bereits fett in die Agenda eingetragen, respektive elektronisch gesichert und Familienintern via iPhone in iCloud synchronisiert.

So geniessen wir die Vorspeise, erzählen uns, was das Jahr über so lief. Der eine Vater hatte seinen ersten und wahrscheinlich auch letzten Marathon hinter sich. Sehr interessant und bewundernswert, diese Leistung. Der Mann erzählte und ich hörte gespannt zu. So was könnte ich ja nie und nimmer.

Danach geht es, wer hätte es gedacht, um unsere Kinder. Und jemand erzählt von ihrem Sohn: „Ich habe nun eine Freundin", sagte er kürzlich zur Mutter. „Aus der Nachbarsklasse!" Das fand die Mutter toll und wollte wissen: „Wie heisst sie denn?" Der Junge darauf: „Keine Ahnung!"

Das wars. Meine Tischnachbarin pustet los. „Hahaha, hohoho, hihihihi!" Sie konnte sich kaum mehr halten. Ihr Lachen wurde immer lauter. „Hohoho! Hahahaha!" Unterdessen hatte sie die Aufmerksamkeit des ganzen Tisches. „Hahaha!" Nicht nur des ganzen Tisches, sondern des ganzen Saales. Sie konnte sich nicht mehr erholen und lachte ununterbrochen. Wir alle haben geschmunzelt und gelacht, uns dabei die Bäuche gehalten und die Tränen abgewischt. Kaum jemand wusste, weshalb die Frau eigentlich so lachte. Es spielte auch gar keine Rolle. Es war so lustig und tat einfach gut.

Ich finde, wir lachen doch viel zu wenig. Oder hast du heute schon gelacht? Bald mal wieder einen richtigen Lachanfall zu haben, das wünsche ich euch allen von ganzem Herzen.

Adventszeit – ganz entspannt

Dieses Jahr wird Weihnachten nicht so plötzlich kommen. Nein, dieses Jahr bestimmt nicht. Wir werden nämlich die Sache ganz relaxt angehen. Ich will keinen voll-im-Stress Dezember! Nein. Dieses Jahr habe ich die Karten bereits nach den Sommerferien bestellt. Mögen alle nun sagen, dass ich völlig spinne. Dies ist mir egal. Ich musste lange suchen, die Weihnachtsujets der Fotoanbieter im Internet waren sehr versteckt. Aber ich wurde fündig. Und im November hatte ich sie alle geschrieben. Versendet habe ich sie nun per B Post. Weg ist weg. Jetzt gibt's auch noch die schönen Weihnachtsmarken, bald schon sind die ausverkauft.

3 Sorten Guetzli sind gebacken. Ich lass es auf mich zukommen, eventuell muss das reichen. „Immerhin!“ sage ich da nur. Die Spitzbuben aus dem alten Berner Kochbuch sind einfach die Besten, die wollte ich dieses Jahr unbedingt haben. Meine Finger spüre ich immer noch. Ganz von alleine machen die sich nämlich nicht. Aber wie meditativ war das denn, als die Kinder im Bett waren und ich diese feinen Spitzbuben gebacken habe. Und kein Kind hat mir den Teig geklaut, ist im Weg gestanden und hat nach fünf Minuten erklärt, es möge eigentlich nun nicht mehr backen. Die Küche war nicht voller Mehl, Butter und Zucker. Bin ich gemein? Ja, bei den Spitzbuben, da kenne ich gar nichts. Bei den braunen Brunsli, ich gebe es zu, kaufte ich den Teig fix fertig. Und da haben die Kinder ausgestochen und hatten ihre helle Freude. Voila! Ist doch gut so. Und die Mailänderli, die mache ich mal selber, mal kaufe ich den Teig. Ob man den Unterschied merkt? Sicherlich, aber

spielt es eine Rolle? Ich konzentriere mich ja wie gesagt dieses Jahr voll auf die Spitzbuben. Zum ersten Mal in meinem Leben habe ich die Dinger nun alle eingefroren. Weil unsere liebe Nachbarin mir ihren Tiefkühlschrank ein bisschen ausleiht. So nett! Und man staune. Die Guetzli sind in 15 Minuten aufgetaut und schmecken, als wären sie frisch gebacken. Das nächste Jahr beginne ich vielleicht an einem verregneten Sommertag damit, wenn ich es nicht vergesse.

Über den Tannenbaum rede ich eventuell später mal. Und nun kann ich mich noch ein bisschen den Weihnachtsgeschenken widmen. Bei Voice of Germany im Fernseher werde ich die alle einpacken und dann im Keller verstecken. Und hier für alle Geschenkeinpack-Muffel ... in der Ikea gibt's lustige Tüten, damit geht's ruck zuck zack zack!

So, nun können wir entspannt eine Kerze anzünden, vorfreudig Weihnachtlieder singen und ein paar Spitzbuben essen. Mampf.

Auf der Skipiste

Man überlegt es sich ja gut, ob man mit kleinen Kindern einfach mal so einen Tag am Wochenende Skifahren gehen soll. Schon das Wort EINFACH passt nicht so ganz, oder? Die Ausrüstung muss zuerst organisiert sein. Ich darf gar nicht daran denken, was das Zeug alles kostet. Ein Vermögen. Man mietet Ski und Schuhe und kauft sich einen Skiträger fürs Auto. Den kann man dann ja wenigstens die nächsten 20 Jahre oder so gebrauchen. Und die Ski den ganzen Winter. Wobei diese Saison eigentlich nur aus 3, vielleicht 4 Skitagen besteht. Bei uns, zumindest. Dann kommt irgendwie meist schon der Frühling, was ja meiner Meinung nach auch nicht schlecht ist. Also, weiter, man braucht Skisocken. Skihosen. Skijacken. Zudem Thermowäsche, Handschuhe, Brillen und Helme. Und ein Picknick mit warmem Tee, das schwor ich mir beim letzten Mal mit den Kindern im Schnee. ICH WILL EINEN WARMEN TEE. Und eincremen müssen wir uns heute. Denn sollte die Sonne scheinen, was ich doch sehr hoffe, dann wollen wir uns nicht die Gesichter verbrennen. Nun hätten wir alles zusammen und machen uns froh gelaunt auf den Weg ...

Auf der Skipiste angekommen. „Komm jetzt!“ Ruft ein Vater völlig entnervt seinem etwa dreijährigen Jungen zu. Der Kleine rührt sich nicht von der Stelle. „Komm, oder lass es bleiben. Tschüss!" Nichts passiert ... Darauf der Vater weiter: "Der Papi geht jetzt!“ Der Junge bleibt immer noch in seinen Mini-Skischuhen stehen, so gut das halt geht. Er ist ja wirklich süss anzusehen, fast so breit wie hoch in seinen Schneekleidern. Die Arme stehen ab, der Helm ist sperrig und die Brille wirkt sehr gross. Der Schnee glitzert so schön in der Sonne ... Und jetzt sollte er zum Vater laufen. Er bleibt weiter an Ort und Stelle stehen und sieht sich den wunderbaren Schnee an.

„Zudem“, sagt der Vater jetzt, „trägst du nun deine Ski selber. Ein richtiger Skifahrer trägt seine Ski IMMER SELBER!“ Und er stellt die kleinen Ski, welche er bis jetzt getragen hat, hin. Aha. Nun soll der Kleine also auch noch seine Ski rumschleppen. Ich kann mir nicht vorstellen, dass der Junge das tun wird. „So, wir gehen nun. Jetzt gehen wir halt ohne dich.“ Sagt der Vater und bleibt weiter stehen. So stehen sie dann weiter rum, die beiden.

Ich finde es köstlich! Bei einem Schluck warmen Tee muss ich wirklich schmunzeln ... in ein paar Jahren wird der Kleine nicht mehr klein sein und dem Vater sicher und gekonnt davon fahren. Was hat der Vater gesagt? Ein richtiger Skifahrer trägt seine Ski selber? Ich dachte immer, ein richtiger Skifahrer FÄHRT mit seinen Ski selber ...

Weihnachtsgeschenke

Das hatte ich ja schön geschrieben ... Dass ich mich nun bereits um die Weihnachtsgeschenke kümmern könnte und dass ich die nun so mir nichts dir nichts an einem Abend alle einpacken werde. Ha! An alle, die beim Lesen den Kopf geschüttelt haben: ICH HABE ES NOCH NICHT GETAN. Wahrscheinlich werde ich die Letzte sein, die ihre Geschenke einpackt. Irgendwie war ich dieses Jahr wirklich früh dran und habe durchs Jahr hindurch die Highlights für meine Lieben gekauft. Aber eben, das hat auch Nachteile. a) ich muss quasi eine Liste führen, wer was kriegt. b) ich darf die Liste weder verlieren noch darf sie jemandem in die Hände fallen. Und c) mangels Platz und bereits vollen Schränken sind die Sachen so gut versteckt, verstaut und/oder verloren!?!, dass ich jetzt die Zeit, die ich ja zum Glück noch habe, wohl mit Suchen verbringen werde. Wenn die Kinder im Bett sind, versteht sich. Und, das fällt mir auch noch ein, da wären wir schon bei d) es fehlt doch immer noch das eine oder das andere, weil manche in unserer Verwandtschaft ihre Wünsche spät durchgeben und ich Depp auch noch nachfrage. Man sieht, Chaos pur. Mit der Ordnung ist das eben bei mir so eine Sache. Deswegen habe ich volles Verständnis für Unordnung in Kinderzimmern. Jawohl! Vollstes Verständnis für die Kinder.

Eltern, seid nachsichtig. Mein Arbeitszimmer, welches nicht nur mir alleine gehört, darf kein Mensch der nicht bei uns wohnt, sehen, und schon gar nicht betreten. Wirklich nicht. Ich gebe es offen und ehrlich zu ... nicht ordentlich. Aufräumen, das mache ich nicht gern. Und das sage ich auch meinen Kindern: „Hört mal, wir müssen nun einfach aufräumen. Morgen werde ich hier staubsaugen. Also müssen wir da nun durch. Und ich weiss, in meinem Büro sieht es noch vieeeel schlimmer aus! Vielleicht schaffe ich es ja mal, richtig aufzuräumen. Dann machen wir ein Fest, abgemacht?“ Das freut meine Kinder dann jeweils sehr. „Kinder brauchen Eltern, die täglich viele Fehler machen und keine Lust haben, perfekt zu sein." Sagt Jesper Juul. Und wie bin ich froh darüber! Aber eigentlich wollte ich nur sagen, dass ich jetzt ein paar Geschenke suchen MUSS, denn morgen haben wir unsere grosse Familienfeier. Und die Geschenke, die kann man jeweils beim Family-Lotto gewinnen. Was noch ganz lustig ist. Aber meine Geschenke dazu, die waren doch irgendwo ...

Um was es eigentlich geht

Ehrlichkeit ist super

Meine Kinder sind manchmal so herrlich ehrlich. Zum Beispiel heute in der Apotheke. Da wird meine Tochter gefragt: „Willst du ein Heftchen?“ Und sie darauf: „Nein.“ Oder kürzlich beim Friseur: „Soll ich dir deine neue Frisur von hinten noch mit dem Spiegel zeigen?“ Darauf sagte sie: „Lieber nicht.“

Ich hoffe, dass die Kinder ihre direkte und ehrliche Art behalten dürfen. Auch wenn sie manche Erwachsene damit schockieren werden. Es ist doch wunderbar, wie schnell und direkt sie ihren Mitmenschen mitteilen, was sie wollen oder denken. Wenn wir das alle tun würden, man stelle sich das vor! Ich müsste nicht jahrelang Dinge essen, die ich noch nie gemocht habe, es aber bei der ersten Einladung bei Freunden nicht getraut hatte zu sagen. Aber weshalb versuchen wir ständig, unsere Mitmenschen zu schonen? Den passenden Moment für die Wahrheit abzuwarten? Dinge ständig zu verdrehen? Wieso lügen wir uns an?

Ich bin je länger je mehr für den direkten und vor allem ehrlichen Weg. Und der ist manchmal zu Beginn unangenehm. Ich habe persönlich jedoch sehr gute Erfahrungen damit gemacht, gerade auch in schwierigen Zeiten ehrlich zu sein. Wenn nichts mehr funktioniert, sollten wir es sowieso mal mit der Wahrheit versuchen.

PS: Die Antwort auf das NEIN meiner Tochter beim Friseur war übrigens herrlich: „Ach ja, das wird heute sowieso überbewertet!“

Vielen Dank!

Da kriegt Ihr Kind im Geschäft eine Süssigkeit von der Verkäuferin geschenkt, nimmt sie entgegen und bleibt danach wie angewurzelt stehen. Quizfrage: was tun Sie?

a) Sie sagen nichts und bleiben auch wie angewurzelt stehen.

b) Sie fragen das Kind: „Und was musst du jetzt sagen?“ und hoffen dann auf die richtige Antwort des Kindes.

c) Sie bedanken sich höflich bei der Verkäuferin, verabschieden sich und verlassen mit dem Kind das Geschäft.

Ich habe a) noch nie ausprobiert, denke aber, dass es immerhin mal einen Versuch wert wäre. Kinder brauchen manchmal noch etwas länger und wissen nicht immer wie aus der Kanone geschossen, welches nun die richtigen und von uns gewünschten Wörter sind. Schliesslich sollte man ja auch noch grüssen, wenn man den Laden betritt, Fragen beantworten, sich umsehen, danke und auf Wiedersehen sagen. Und das in der richtigen Reihenfolge. Antwort b) finde ich irgendwie ein bisschen peinlich. Eine Fragerunde mit Publikum? Lieber nicht. Auch wenn ich mir sicher bin, dass fast jedes Kind weiss, dass wir Eltern gern ein „DANKE!“ von ihnen hören würden. Ich bin für Antwort c). Damit zeige ich dem Kind, was ich selber tue, wenn ich was kriege. Und draussen würde ich dem Kind dann sagen: „Ich hätte gern, wenn du DANKE! sagst beim nächsten Mal.“

Bei einem weiteren Einkauf kann ich das Kind ja vorher kurz vorbereiten und meinen Wunsch wiederholen. Und wenn es dann klappt, werde ich dem Kind dafür danke sagen.

Rock Musik in meinen Ohren

Laute, elektrische Gitarren in meinen Ohren. Die Kinder hören auf Ihrem blauen Kinder MP3-Player ... KROKUS. Bis jetzt waren es Kinderlieder. Die kann ich wirklich bald nicht mehr hören. Und mein lieber Mann auch nicht. Und deshalb hatte er eine Idee. „Nun hört mal, Kinder, was Musik ist!“ Und er lud KROKUS aufs Gerät. Nun sind also bei unseren Kleinen plötzlich rockigere Töne angesagt, jawohl. So hören wir nun Krokus zum Zähneputzen, Krokus nach dem Zähneputzen und Krokus überhaupt. Und das laut. Sehr laut. Dabei spielen die Kinder Luftgitarre, schneiden schreckliche Grimassen, singen so was wie Englisch und jumpen herum als wären sie schon x-Mal an Rockkonzerten gewesen. Ach waren das noch Zeiten ... Meine erste CD! Ach, war die klein nach den LPs. Und teuer. Und niemals hätte ich damals gedacht, dass man eines Tages, wenn man selber Kinder hätte (auch das konnte ich mir mit 17 schlecht vorstellen) keine CDs mehr brauchen würde.

Heute laden manche Eltern den Kindern die bevorzugte Musik in Sekundenschnelle auf Ihre Geräte. Oder die Kinder tun es bereits selber. Ist doch eigentlich schon wahnsinnig!

Aber doch noch rasch zurück in meine Jugend. Ich hörte Krokus, ich sah Aerosmith, ich liebte Jon Bon Jovi... also... seine Musik! Die Lieder kannten wir alle auswendig, und meine Mutter zwangsweise auch. Obwohl die nicht stundenlang wie ich die Songtexte studierte. Ich sagte dem übrigens damals „lernen“. Meine blumig-grün tapezierten Wände hab ich mit Postern von schönen (schönen!?!), langhaarigen und selbstverständlich gedauerwellten Rockstars mit Stirnband, Armband und Tätowierung vollgeklebt. Und die Stereoanlage, die kostete ja ein Vermögen!

Und heute ... wieder mal Musik mit lauten, elektrischen Gitarren in meinen Ohren. „Das isch Musig!“ sagen die Kleinen und ich muss gleichzeitig nicken und schmunzeln. Und ich verkneife es mir jetzt zu sagen: „Kinder! Macht bitte die Musik leiser, es ist mir zu laut.“

Kannst du nicht besser aufpassen?

Das Kind rennt los. Das Kind fällt hin. Das Kind schreit.

Wie reagieren wir denn darauf? Es gibt natürlich viele Möglichkeiten. Wir alle haben BESTIMMT schon mal was Doofes darauf gesagt oder getan. Hier ein paar Highlights:

- Zum Kind rennen. Es am Arm hochziehen und in genervtem Ton sagen: „Kannst du nicht aufpassen?“
- Schreiend: „Wie oft muss ich dir noch sagen, dass man hier nicht rennen soll?“
- „Was habe ich vorhin gesagt? Es geht nicht mehr lange und eines muss weinen. Da haben wir's!“
- Laut: „Aufstehen! Weiterrennen! Los jetzt!“
- So tun als hätten wir nichts gesehen, gehört, bemerkt.
- Selber losrennen und hinfallen. Lauter schreien als das Kind.
- Zum Kind laufen und sagen: „Nicht so schlimm. Ist ja nichts passiert!“
- Hörbar ausatmen, die Augen verdrehen, andere Erwachsene ansehen und dabei sehr langsam sagen: „Wann lernt dieses Kind endlich laufen?“
- „Wer nicht hören will, muss fühlen!“
- „Hör auf zu Weinen! Das tut doch gar nicht weh.“

Meine Lieblingsreaktion dagegen ist simpel und einfach. Ich sage erst mal überhaupt nichts, bleibe beim Kind und lasse es weinen bis es fertig ist. Die Frage: „das hat aber bestimmt weh getan?“ stelle ich manchmal. Sie tut gut und hilft meist enorm. Dadurch nehme ich das Kind ernst und mehr ist meist auch nicht notwendig. Und dann können wir ja wieder losrennen ...

Jeder ist anders

Heute sagte ich zu meiner Kleinen: „Weißt du, alle Menschen sind anders. Zum Beispiel bei uns. Ich bin anders, du bist anders, dein Bruder ist auch anders..." Darauf sah sie mich an und meinte mit ernster Miene:

„Ja. Nur der Papi, der ist normal!"

Die Gehbehinderung – das dürfen Sie Ihren Kindern sagen.

1. Jeder Mensch ist anders. Es gibt auf der Welt ganz verschiedene Leute, und viele leben mit einer Behinderung. Manche davon sind Gehbehindert. Das ist nun mal so und das ist nichts Schlechtes.

2. Sie haben vielleicht krumme Beine. Oder auch nur ein oder auch gar kein Bein. Oder sie haben ganz schwache Beine. Sie tragen vielleicht Beinschienen, sitzen in einem Rollstuhl oder tragen Beinprothesen.

3. Wenn du eine Person siehst, die behindert ist, darfst du hinsehen. Auch ein bisschen Starren ist erlaubt. Manche Eltern erlauben das ihren Kindern nicht. Das ist schade. Manche Kinder machen riesen Augen oder gucken rasch weg. Es macht ihnen vielleicht Angst, weil es ungewohnt für sie ist.

Wenn du genug geguckt hast, dann sage „Guten Tag". Und wenn möglich, sieh der Person in die Augen und lächle. Das wäre sehr freundlich und ganz toll!

4. Möchtest du was fragen oder sagen? Habe Mut, die meisten Personen mit einer Behinderung finden das ok! Manche wollen aber vielleicht nicht mit dir darüber reden. Vielleicht ein anderes Mal.

5. Viele Leute mit einer Behinderung können gut damit leben. Sie arbeiten, sind glücklich und haben vielleicht Familie. Es ist sicher nicht immer einfach. Auch wenn es vielleicht schrecklich aussieht, eine Behinderung tut meist nicht weh.

6. Es gibt Leute, die brauchen zum sich Fortbewegen einen Gegenstand, ein Hilfsmittel. Das können Krücken, Stöcke, Beinschienen, Prothesen, ein Rollstuhl, ein Auto oder auch was Anderes sein. Das sind ihre persönlichen, wichtigen und wertvollen Gegenstände. Damit sind sie stärker, sicherer und auch schneller.

7. Behinderte Menschen kommen meist alleine zurecht. Sie werden sich melden, wenn sie Hilfe benötigen. Die meisten finden es unangenehm, wenn man Ihnen Hilfe aufdrängt.

8. Was soll man denn sagen? Darf man „gute Besserung“ wünschen? Nein, lieber nicht. „Gleichfalls“, könnte darauf die Antwort lauten. Besser: „Guten Tag!“

9. Behindertenparkplätze sind für behinderte Leute reserviert, weil diese nicht weit oder überhaupt nicht laufen können. Sie müssen ihre Autotüren vollständig öffnen können. Deshalb sind diese Plätze auch breiter als alle andern.

10. Menschen mit Behinderungen sollten überall teilhaben können und mit einbezogen werden. Das nennt man Inklusion.

Wertvoll sein

Eltern haben heute leider oftmals immer noch das Gefühl, den Kindern in erster Linie das „sich Anpassen“ beibringen zu müssen. Wie man sich verhalten soll, dass es andern passt. Dabei richten wir unseren Fokus auf das Verhalten des Kindes, und beurteilen meist jenes Benehmen, das uns missfällt. Und dann greifen wir ein. Korrigierend, belehrend, oft wertend und meist viel zu schnell. „Kind, du schreist rum. Hier schreit man nicht rum! Kannst du nicht einmal ruhig sein? Ich glaube, das kannst du wirklich nicht.“ So oder ähnlich.

Vielleicht kommen wir dann auch auf die naheliegende Idee, Regeln einzuführen. Damit sollte das Kind es doch lernen! „Hier schreit man nicht rum!“ Oder, da man gelernt hat, es positiv zu formulieren, schreiben wir auf ein Plakat, was das Kind tun sollte statt was es zu lassen habe: „Hier spricht man in normaler Lautstärke.“

Dabei ist es doch wie wenn ein Schiff auf dem See brennt, die Seepolizei hinzu kommt und schreit: „Feuer ist hier verboten!“

Ist dies hilfreich? Ist es wirklich das, was uns im Leben mit unseren Kindern wichtig erscheint? Wollen wir, dass Kinder in erster Linie unsere Regeln befolgen? Und was tun wir, wenn dies nicht geschieht? Denn Kinder und Jugendliche sind nun mal herausfordernd (oder wir empfinden dies zumindest manchmal so). Setzen wir dann noch mehr (strengere) Grenzen? Drohen mit Strafen oder Konsequenzen? Ich bin überzeugt, dass dies nicht zur gewünschten Veränderung führt, auch wenn wir damit konsequent weiterfahren. Und glücklich wird dabei bestimmt auch niemand. Denn keiner fühlt sich wohl, wenn er nicht so sein darf, wie er ist. Stellen Sie sich vor, Sie müssten sich ständig für andere verstellen und verbiegen.

Müssten sich anstrengen und eigentlich immer etwas leisten. Und nie könnten Sie es Ihren Mitmenschen gut oder richtig machen. Genau so ist dies für die Kinder.

Mir gefällt es viel besser, wenn sich Eltern hin und wieder fragen: Wie können es die andern mit mir aushalten? Und DAS sollten wir dann unseren Kindern beibringen.

Fühlt sich mein Kind wertvoll? Wenn wir nämlich erleben dürfen, für andere Menschen wertvoll zu sein, führt dies unter anderem zu einem gesunden Selbstwertgefühl. Sich wertvoll fühlen, ohne dabei etwas leisten zu müssen. Nicht erst, wenn die Hausaufgaben gemacht sind, das Zimmer aufgeräumt, der Tisch gedeckt oder die Prüfung bestanden ist.

Nehmen wir unsere Kinder bewusst wahr, so wie sie sind. Ich bin mir sicher, unsere Beziehungen werden sich vertiefen.

Anerkennen statt loben

Bravo. Das hast du sehr gut gemacht! Ich denke, dass wir dies viel zu oft sagen. Wir loben unsere Kinder für jede Kleinigkeit. Klar, wir sind froh wenn sie sich benehmen, uns helfen, was lernen. Und wir sind dabei stolz auf sie. Aber mit dem Loben ist das so eine Sache ... Wenn ihr Kind hoch hinauf klettert, vom Sprungbrett springt oder sonst was neu kann, was sagt man dann zum Kind?

Es tut sehr gut, wenn wir erleben, für andere Menschen wertvoll zu sein, ohne uns erst zu verstellen oder etwas leisten zu müssen. Wir Eltern können sehr viel dazu beitragen, dass sich unsere Kinder wertvoll fühlen.

Wir können dem Kind dabei helfen ein gesundes Selbstwertgefühl zu entwickeln. Man kann es sich etwa so vorstellen: wer eine gefüllte Säule in sich trägt, ist stabil und stark. Ist die Säule jedoch leer, fühlt man sich schwach und unsicher.

Wir Eltern können fürs Wohlergehen unserer Kinder sorgen, indem wir ihre Stärken und Schwächen kennenlernen und uns auf die Stärken konzentrieren. Wenn wir sie ermutigen und wertschätzen. Dies drückt aus, dass ich ins Kind Vertrauen habe. Jedes Kind sollte mindestens eine wichtige Person in seinem Umfeld haben, die es bewusst sieht und akzeptiert wie es ist. Das Tolle daran ist, dass wir dabei gar nicht immer werten und beurteilen müssen. Dies ist anstrengend und das Kind lernt dabei nur, etwas zu tun um andern zu gefallen.

Das Kind ist einfach schwierig!

„Ich behandle alle meine Kinder gleich! Ich gebe mir Mühe und hab sie alle gleich gern! Aber eines meiner Kinder ist einfach schwierig." Diese Gedanken machen sich viele Eltern und Menschen, die professionell mit Kindern arbeiten.

Ich finde nicht, dass wir alle Kinder gleich behandeln sollten. Schliesslich sind die Kinder ja auch nicht alle gleich. Und wir sind echte Menschen mit Gefühlen und keine Roboter. Wie wollen wir also „immer gleich" reagieren? Es ist schlicht nicht möglich und auch nicht nötig. Wenn Kinder sagen: „Aber du bist gemein! Sie darf das und ich nicht!" dann sage ich: „Ja, mag sein und du hast Recht. Aber jetzt ist es halt so."

Wenn Eltern das Gefühl haben, ihre Kinder seien schwierig, dann ist es in erster Linie ihre Beziehung.

Wir entziehen uns gern der Verantwortung über unsere Beziehung. So schieben wir die Schuld einfach dem Kind in die Schuhe und behaupten: „Sie ist halt eine Schwierige. Sie ist schuld, dass ich mich immer ärgern muss." Wenn wir aber die Verantwortung über die Beziehung zu unsern Kindern übernehmen, wirft es ein ganz anderes Licht auf die Sache. So sage ich mir doch besser hin und wieder: „Irgendwie ertrage ich es im Moment nicht, wie sich das Kind verhält. Ich will, dass es jetzt auf mich hört wenn ich etwas sage und das tut es einfach nicht. Was könnte ich nun tun, damit es besser klappt?" Und dem Kind sage ich dann nicht:" Mein Gott, bist du eine Schwierige!" Sondern: „Kind, du hörst mir nicht zu und das ist für mich echt mühsam. Ich hab es dir schon so oft gesagt und irgendwie klappt es einfach nicht. Was kann ich tun, damit du nun auf mich hörst?"

Vielleicht hat das Kind nicht gleich eine Antwort. Aber die Tatsache, dass Sie dieses Gespräch führten, wird höchstwahrscheinlich zu einer Veränderung führen.

Ist dies schwierig? Ich denke nicht. Aber niemand hat behauptet, das Familienleben sei einfach. Nun, wir haben es in der Hand und es kann immer besser werden!

Hilfe! Mein Kind beisst.

„Heute“, sagt die Kitaleiterin der Mutter, „hat Ihre Louise die kleine Sandra gebissen.“ Die Mutter von Louise guckt ratlos. Sie findet das gar nicht gut, beängstigend, zum Heulen. Alles zusammen. Louise spielt unterdessen friedlich mit ein paar andern Kindern. Wieso beisst sie plötzlich? Die Mutter ist ratlos, verabschiedet sich mit einem Gemisch von komischen Gefühlen und geht mit Ihrer Tochter nach Hause. Bis jetzt war Sandra doch die beste Freundin ihrer Tochter ... Sie selber ist müde von der Arbeit und hat eigentlich gar keine Lust, das Problem anzugehen. Was soll sie jetzt bloss tun?

Sollte sie ihrer Tochter schon auf dem Heimweg sagen, dass man einfach nicht beisse und fertig? Oder wäre es sinnvoller, erst nach dem Grund fragen? Oder könnte sie einfach so tun, als wäre nichts gewesen? Vielleicht würde es Sinn machen, erst einmal ein bisschen Gras über die Sache wachsen zu lassen?

So sollst du sein!

Die Mutter überlegt sich die folgenden Sätze: „Louise, du hast Sandra gebissen. Das darf man nicht! Beissen ist verboten. Das willst du doch auch nicht, oder? Bitte sage stattdessen doch Sandra das nächste Mal ...“ Ja aber, was soll sie ihr denn nun sagen? Bringt so ein Gespräch überhaupt was? Die Mutter bezweifelt es. Sie war ja gar nicht dabei und weiss daher nicht, um was es genau ging. Zudem hätte doch das Mädchen sicher das Richtige getan, wenn es dies gekonnt hätte. Die Louise hat nämlich das für sie in dieser Situation Richtige getan. Sie hat gebissen. Aber hallo, wir können doch unsere Kinder nicht einfach andere beissen lassen! Das ist doch aggressives Verhalten, das wollen wir doch nicht. Ja was wollen wir dann?

Wir Eltern haben leider die Tendenz, unsere Kinder oftmals anders haben zu wollen, als sie sind. Und dadurch kriegen sie von uns ständig das Gefühl, sie seien nicht ok, mit ihnen sei irgendwas nicht in Ordnung. Wir sollten uns dabei ein bisschen entspannen und uns überlegen, um was es uns eigentlich geht.

Was wollen wir?

Wollen wir, dass unser Kind zu allem JA und Danke sagt? Oder lieber, dass es ein gesundes Selbstwertgefühl entwickelt und sich selber kennen lernen darf? Dass es sich wehrt und auch seine Meinung sagen kann? Aber eben, sagen kann es sie ja vielleicht noch gar nicht. Oder darf nicht? Aber beissen, das geht meist schon ganz gut und sehr schnell, und dann reagieren auch alle immer alle gleich sehr speziell und das ist irgendwie interessant für ein Kind, dass vielleicht gerade niemand so richtig beachtete ...

Es ist wichtig, dass wir unseren Kindern sagen sollen, was wir wollen und was wir von ihnen erwarten. „Louise, du hast Sandra gebissen. Das tut weh. Bitte versuche doch was anderes aus. Mach mal die Faust und stampfe auf den Boden, wenn du nicht sagen kannst, was du möchtest."

Wir sollten den Kindern lernen, wie man sich so verhält, dass es die andern mit einem aushalten.

Was müssen Kinder lernen?

Dazu gehört, dass Kinder lernen, dass es bessere Wege als Beissen gibt, um sein Ziel zu erreichen. Dazu braucht das Kind aber viel mehr, als dass wir ihm sagen, was es tun soll. Es braucht vor allem viel Zeit. Und Verständnis für sein Verhalten, das ja auch einen Grund hat. Es muss lernen, sich sprachlich verständlich auszudrücken. Das Kind muss seine Gefühle kennenlernen. Es muss diese aushalten. Und wir können diesen Lernprozess unterstützen, indem wir ihm helfen, diese Gefühle in Worte zu fassen. Wir könnten ihm sagen: „Ich denke, das machte dich heute wütend, als deine Schwester deinen Legoturm kaputt machte." Dadurch zeigen wir Verständnis. Und dass es ok ist, dass man auch mal wütend ist. Kinder müssen so oft kooperieren und dabei das tun, was die andern wollen. Achten Sie sich mal darauf! Dadurch muss es seine Interessen immer wieder zurückstellen. Stellen Sie sich vor, wie es Ihnen dabei ginge. Das würden wir auch nicht einfach so aushalten, oder?

Was können Eltern tun?
Die Mutter könnte dem Kind ja erst einmal ein bisschen was von sich erzählen. Zum Beispiel wie ihr Tag war, eine lustige Situation bei der Arbeit, und dass ich sie sich darüber sehr freute, die Tochter nach der Arbeit wieder zu sehen. Sie könnte sich überlegen, was sie ihrer Tochter über das Beissen sagen möchte. Denn ein Rezept, das für alle passt, gibt es nicht! Beim nächsten Kitabesuch könnte sie dann wiederholen, was die beiden zusammen besprochen und geübt haben: „Louise, versuche doch statt zu beissen, die Faust zu machen und auf den Boden zu stampfen wenn dies nötig wird. So wie wir es geübt haben, ok? Das hilft mir in solchen Situationen nämlich immer! Ich denke, das wirst du heute sicher schon ganz toll machen." Und sollte es dann noch nicht gleich klappen, haben wir Vertrauen, geben dem Kind und uns die Zeit und üben weiter. Wir sollten deswegen nicht ungeduldig werden.

Die Kinder müssen so vieles lernen. Und dabei sind wir Eltern manchmal ... sagen wir mal ... ein bisschen zu verbissen.

Erinnerungsbuch

Es gibt Dinge, die sammeln sich in der Familie so an. Kleine Zeichnungen, einzelne Fotos, Karten, Eintrittstickets, erste geschriebene Wörter & Sätze der Kinder, einen Zeitungsartikel vom Schulkonzert ...

Ich kann und will mich davon nicht einfach so trennen. Aber mit der Zeit liegt und hängt plötzlich so vieles rum und das gefällt mir dann auch nicht mehr. Leider bin ich nicht so die Profi-Aufräumerin ... Also, was könnte ich tun?

Zuerst sammelte ich die Erinnerungen in einer Schachtel und Mappe. Sich dann nach einer gewissen Zeit mit den Kindern die Sachen ansehen geht dabei irgendwie schlecht. Zudem gerät alles schnell durcheinander. Bei mehreren Kindern sowieso. Ich habe mir jetzt mal ein paar schöne grosse Alben gekauft, mit stabilen dicken Blättern und einer Spiralbindung. Und da kommen jetzt all die Sachen rein, die ich gerne von den Kindern behalten möchte. Schöne Erinnerungen wie kleine Zeichnungen, Briefchen, Lieblingsseiten der Kinder aus Zeitschriften ... Dabei werde ich hin und wieder noch etwas dazu schreiben wie: „1. Brief von Kind xxx an Papi“ oder „Es ist erst März, die Sonne scheint und wir baden die Füsse im Fluss, es ist wunderbar. Und wir haben heute richtige Froscheier gesehen!“

So werden sich später auch die Kinder diese Erinnerungsbücher ansehen. Dabei gibt es sicher viel zu Staunen und zu Lachen. Wie schnell vergisst man, was man alles erlebt hat?

Die dümmsten Sätze meines Lebens

Manche Sätze haben uns persönlich sehr geprägt, abgestempelt oder fertig gemacht. Sie wurden uns, als wir selber Kinder waren, gesagt. Beiläufig, bewusst, und oftmals immer wieder. Von Eltern, Grosseltern, Geschwistern, Lehrern. Alle Erwachsenen sagten uns, wie wir uns verhielten, wie wir waren und vorallem, wie wir eigentlich sein sollten. „Du bist so mühsam!“ Kannst du nicht schneller machen? Wann lernst du es endlich?" Und unsere Eltern dachten vielleicht, wir würden dabei was lernen. Oder schneller werden. Aber wir wurden dabei mit Sicherheit nicht schneller. Und jetzt sind wir die DEPPEN werden diese Sätze nicht mehr los. "Du hörst einfach nicht zu! Tut dir das Hören weh?" Oder: "Wie oft muss ich dir noch sagen, dass ..."

Hilfe. Es kommt noch schlimmer! Wir sagen jetzt genau diese Sätze zu unseren Kindern. Stimmts? Als ob sie in unseren Köpfen eingebrannt wären. Die Sätze finde ich deshalb schlimm, weil sie werten und beurteilen. Weil sie Kindern immer wieder sagen, was sie falsch machen, worin sie nicht gut sind, dass sie schlicht nicht ok sind, so wie sie sich verhalten. Wir benutzen solche Sätze, weil wir uns vorstellen, wie ein Mensch, besonders unser Kind, sein soll. Wie wir unsere Kinder gerne hätten. Zum Beispiel weil ein lärmendes Kind die Nachbarn stören könnte. Weil es uns peinlich ist, wenn ein Kind einen Tobsuchtsanfall in aller Öffentlichkeit kriegt. Weil wir mit unseren Gefühlen schlecht und mit jenen unserer Mitmenschen noch viel schlechter umgehen können. Weil wir Kinder manchmal überhaupt, wirklich überhaupt nicht mehr verstehen. Und Teenager noch viel weniger. Und dann überlegen wir keine Sekunde, reagieren blitzschnell und sagen so dumme Sachen!

Werden wir diese Sätze jemals wieder los? Das muss zu schaffen sein. Beginnen wir doch mal damit, unsere dümmsten Sätze zu streichen:

- Du bist so langsam/mühsam/nervös/dumm/doof!
- Kannst du nicht aufpassen/ zuhören/ anständig/ nett/ lieb/ leise sein?
- Wie oft muss ich dir noch sagen, dass ... ?
- Wann lernst du endlich, ruhiger zu sein?
- Wenn dies ... Papa/Mama wüsste?
- Warum tust du das?

Stattdessen sagen wir zu unseren Kindern in Zukunft direkt:
"Ich will, dass du jetzt mitkommst."

Kennen wir uns?

Manchmal sprechen wildfremde Menschen in einem Aufzug unsere Kinder an. „Oh, hast du schöne Haare!“ und weiter geht’s mit „solche Locken hatte mein Sohn als Kind auch!“ Da frage ich mich doch, ob es mich nach dem Einkaufen interessiert, welche Frisur ein mir fremder Junge, inzwischen ein Mann um die 60 Jahre alt, früher mal hatte? Nein, tut es definitiv nicht!

Und dann wird auch gleich noch in die Frisur meines Kindes gegriffen oder über die Backe gestreichelt. Es gibt auch Personen, die greifen in fremde Kinderwagen hinein. Mit Ihren Händen, die vorher ziemlich viele Lebensmittel angefasst hatten. „Ist es ein Junge? Nein? Ist die aber niedlich!“

Was denken Sie darüber? Die meinen es doch nur gut! Das Kind ist ja auch wirklich süss mit seinen Engelslocken. Das ist doch nicht so schlimm? Doch, ist es. Wir Eltern stehen doof daneben und lächeln die Grabscher im Lift auch noch an. Obwohl wir merken, dass dies weder unseren Kindern noch uns selber gefällt. Ich finde, das darf man sich nicht mehr gefallen lassen. Da wird nämlich ganz klar die Grenze des Kindes überschritten.

Nächstes Mal, wenn meine Kinder angesprochen und angefasst werden, wünsche ich mir, dass wir darauf anders reagieren können. Wir haben darüber zu Hause gesprochen und schon mal ein bisschen geübt ... Je nach Lust und Laune sagen das nächste Mal die Kinder was oder ich gebe dann meinen Senf dazu. Vielleicht was davon:

- Ich möchte nicht angefasst werden!
- Stopp! Fassen Sie mein Kind nicht mehr an.
- Auf Wiedersehen!
- Ach, ich kann Ihnen sagen. Diese Frisur! JEDEN MORGEN DIESES LOCKEN AUFDREHEN. So zeitaufwändig ist das!
- Sind sie vom Fach?
- Ok, ich sehe, warum dies Ihnen gefällt. Ihre eigenen Haare sind ja schon etwas ... äh ... dünner. Ich MUSS die mir jetzt auch gleich mal anfassen. (Dabei sehr sehr nah ran treten und in-die-Frisur-fassen.)
- Kennen wir uns?

Zeit

Ich finde, dass wir Eltern uns viel zu wenig mit dem beschäftigen, was uns Spass macht, wo wir gut darin sind, bei dem wir uns einfach wohlfühlen und glücklich sind.

Haben Sie genug Zeit? Zeit um das zu tun, was Sie gerne tun?

Na toll, werden Sie sagen. Wir müssen ja schliesslich arbeiten! Das Geld verdienen. Die Kinder betreuen. Den Familienalltag im Griff haben. Den Haushalt führen. Lernen. Wie und vor allem wann soll ich mir da bitteschön die Zeit nehmen, um das zu tun, was ich gerne täte? Der Tag hat für alle 24 Stunden und irgendwann sollte man ja auch noch schlafen. Genau! Nur vergessen wir in unserem Alltagstrott, dass wir es eigentlich selber in der Hand haben. Jedenfalls das Meiste von dem, was und wie wir es tun.

Zum Beispiel unsere Arbeit. Zwingt uns jemand dazu, einer Arbeit nachzugehen, die uns seit Jahren zum Hals raus hängt? Könnten wir die Tätigkeit nicht zumindest etwas umorganisieren oder ist es wirklich so, dass wir keine Chance haben, etwas daran zu ändern?

Und die Zeit, die ich mit den Kindern verbringe. Oftmals mache ich mehrere Dinge gleichzeitig, und statt dadurch Zeit zu gewinnen habe ich vielmehr das Gefühl, nichts dabei richtig zu tun. Kennen Sie das? Wir alle sollten mehr mit den Kindern zusammen sprechen, spielen, tanzen oder lachen. Das sind Momente, die einfach gut tun. Ich versuche immer, diese Augenblicke ja nicht zu verpassen. Ich suche sie regelrecht. Denn es ist so, wir trainieren dadurch unser Glück! Manchmal ruft ein Kind, möchte mir etwas zeigen und hat dabei so ein fröhliches Gesicht, dass es mir richtig wohl ums Herz wird. Wenn ich dann etwas in dieser Art sage wie: „Siehst du es nicht? Ich lese jetzt die Zeitung und habe gerade keine Zeit für dich!" Dann ist der Moment vorüber. Echt schade, oder?

Und dann die Sache mit dem Haushalt. Den sollten wir in Zukunft wirklich nur noch im Nebenamt führen. So bleibt dann halt auch mal was liegen, was solls! Und auch wenn es nicht immer glänzt und strahlt und perfekt aufgeräumt ist ... dafür bleibt Zeit für etwas, dass uns Spass macht.

Lasst uns das tun, was wir tun wollen.
Wir haben es in der Hand, etwas zu verändern.

Ich sollte aufräumen - will aber nicht.
Muss gerade das Leben geniessen!

Tonia von Gunten

Über die Autorin

Tonia von Gunten

geb. 1973 in der Schweiz, ist Elterncoach und Pädagogin mit Weiterbildung in Management und Familienberatung. Sie gründete nach vielen Jahren Unterrichtstätigkeit das erfolgreiche Programm Elternpower. Dank ihren praxistauglichen Ansätzen werden Eltern und Fachleute in anschaulicher Weise im Umgang mit Kindern unterstützt. Ihr Ziel der prozessorientierten Arbeit ist es, Eltern in ihrer Beziehungskompetenz zu stärken und frische Energie in die Familien zu bringen. Kinder dürfen dadurch Eltern erleben, die mit ihnen in Kontakt sind, die den Spass nicht verlieren und sich um das eigene Glück kümmern. Tonia von Gunten ist verheiratet und Mutter von zwei Kindern.

Weitere Informationen unter www.elternpower.ch

Dank

Ich bin meiner wunderbaren Familie dankbar dafür, dass ich einen Teil von euch sein darf. Von Herzen bedanke ich mich bei meinem Mann Stefan, der mich so nimmt wie ich bin und der meine Arbeit unterstützt. Er hat vieles getan, damit ich schreiben konnte. Ohne ihn wäre dieses Buch wohl gar nie entstanden. Ich bin jeden Tag glücklich darüber, dass wir zusammen sein dürfen. Dank an meine beiden Kinder, die mir so viel Inspiration geben, die mich zum Nachdenken und zum Lachen bringen und jeden Tag mein Leben bereichern.

Tonia von Gunten

Literatur

- Csikszentmihalyi, Mihaly (2007). Flow. Das Geheimnis des Glücks. Klett-Cotta Verlag.
- Fritz-Schubert, Ernst (2010). Glück kann man lernen. Ullstein, Berlin
- Jensen, Helle (2014). Hellwach und ganz bei sich. Beltz, Basel.
- Juul, Jesper (2015). 4 Werte, die Eltern & Jugendliche durch die Pubertät tragen. Gräfe und Unzer, München
- Juul, Jesper (2013). Schulinfarkt. Kösel, München
- Juul, Jesper (2013). Aggression. Warum sie für uns und unsere Kinder notwendig ist. S. Fischer Verlag, Frankfurt am Main.
- Juul, Jesper (2010). Grenzen, Nähe, Respekt. Rowohlt, Reinbek bei Hamburg.
- Juul, Jesper (2010). Nein aus Liebe. Kösel, München.
- Kempler, Walter (2012). Erlebnisaktivierende Familientherapie. Calle Arco, Seefeld.
- Solter J., Aletha (2000). Auch kleine Kinder haben grossen Kummer. Kösel, München.